# Stimmanns Stadtlektüren

## Ausgewählte Texte, Vorträge und Interviews von Hans Stimmann aus den Jahren 2012 bis 2022

Mit einer Einleitung von
Michael Mönninger

Herausgeber:
Architekten- und Ingenieurverein zu Berlin Brandenburg e.V.
Thomas Albrecht, Tobias Nöfer,
Rudolf Spindler

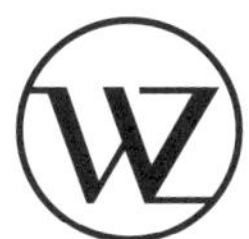

# Inhalt

6 Planung und Partizipation: Hans Stimmanns Reisen in die Nahwelt der eigenen Stadt Von Michael Mönninger

17 Krähen in der Stadt: Ein Fotoessay von Erik-Jan Ouwerkerk

25 Ausblick auf 2070: Über die Stadtgesellschaft als Doppelstadt (2021)

30 „Immer muss es gleich die ‚Stadt von morgen' sein": Hans Stimmann im Gespräch mit Reinhard Bünger (2021)

38 Bürgerforum, adieu: Was geschieht mit dem „Band des Bundes"? (2018)

43 Friedrichswerdersche Kirche: Einstürzende Altbauten (2016)

49 Stellt endlich die Bodenfrage! Warum wir keine Städte mehr bauen können (2017)

55 Schwer lesbare Stadtbrache: Philharmonie – ein Wunderwerk im falschen Umfeld (2013)

57 Schwarzpläne und Parzellenpläne. Von Hans Stimmann und Tobias Nöfer

71 Brückenbau in Berlin-Mitte: Wie die Grünen die Schneise lieben lernten (2021)

78 „In Berlin ist auch vieles daneben gegangen“: Im Gespräch mit Rainer Haubrich (2015)

88 Studentenrevolte und Baukultur: Die Achtundsechziger haben unsere Altbauten gerettet (2018)

94 Desaster, Karikatur oder doch recht gut gelungen? Wettbewerbsentscheidung Potsdamer Platz 1991 (2016)

100 Wendezeit IBA: Zurück zur Architektur der Stadt (2012)

113 Berliner Stadtplanung: Der Autobahntunnel als Denkmal des Irrsinns (2021)

119 Technokratische Verkehrswende: Die Friedrichstraße, ein Stadtschicksal (2020)

127 Industriekultur in Berlin: Interessiert kein Schwein (2022)

129 Entlang an der A 104: Ein Fotoessay von Andreas Rost

149 Sozialer Wohnungsbau: Freie Fahrt durch den Bauch der Betonmonster (2018)

155 Von Baracken und Nissenhütten: Wie Lübeck seine Kriegsgefangenen und Flüchtlinge unterbrachte (2015)

165 Stadtplanung in Lübeck: Darf ein Parkhaus sich derart ans Buddenbrookhaus drängen? (2018)

171 Ein Kulturschloss im Herzen der Stadt: Das alte Zentrum von Königsberg ersteht in Kaliningrad neu (2015)

176 Über den Zusammenhang von Hausbau, Ziegelbauweise und Städtebau (2015)

190 Impressum

191 Danksagung

# Planung und Partizipation

## Hans Stimmanns Reisen in die Nahwelt der eigenen Stadt

## Von Michael Mönninger

*„Wer sich die Mühe macht, einmal die politischen Mehrheitsverhältnisse in den Städten zu überprüfen, die die markantesten Großsiedlungen haben, die schneidigsten Wohnmaschinen und Großformen, die brutalsten Straßendurchbrüche durch die Altstädte, die unglaublichsten Domplatten, Roßplätze, Römerberge, Altmärkte, Leninplätze, Fischerkieze, die stolzeste Abrissbilanz der zu städtebaulichen Missständen erklärten alten Teile ihrer Vorstädte sowie der angrenzenden Quartiere des 19. Jahrhunderts, der wird regelmäßig auf sozialdemokratische Baustadträte stoßen – in der DDR naturgemäß auf solche mit Parteibüchern der SED.“*[1]

Als 2019 die Debatte um „rechte Räume“ aufkam, wollte auch der ehemalige Berliner Senatsbaudirektor Hans Stimmann nicht stillhalten. Die vom Stuttgarter Architekturtheoretiker Stephan Trüby initiierte Kampagne richtete sich gegen einen befürchteten Rechtsruck in der Architektur. In Altstadtrekonstruktionen, „New Urbanism“-Idyllen wie auch im Denkmalskult europäischer Reaktionäre sahen diese Kritiker die Gefahr eines identitären und patriotischen Rollbacks in Architektur und Städtebau aufkommen.[2]

Weil Stimmann im Ruf steht, Verfechter einer rückwärtsgewandten, rechten Baupolitik in Berlin von 1991 bis 2006 gewesen zu sein und zudem in Trübys Kommentaren namentlich angeführt wurde, regte er eine Gegenoffensive an. Komplementär zur neuen Gattung der „rechten Räume“ wollte er einen Überblick über die zuvor kaum kodifizierte Gattung der „linken Räume“ geben, um zu zeigen, dass die Schrecken schlechter, menschenfeindlicher und seelentötender Bauten und Ensembles politisch lagerübergreifend verbreitet sind. Zu den Räumen, die Stimmann meinte, zählte er vor allem das Bauerbe der deutschen Nachkriegszeit. Er bot Freunden, Kollegen wie auch Kritikern an, Führungen zu seinen überwiegend auf Berlin konzentrierten Untersuchungsgebieten zu veranstalten. Ausgangspunkt sollten die Repräsentationsflächen rund um die ehemals sozialistische Mitte in Ostberlin sein und im Westen gefolgt von den Fließräumen, die vom Kulturforum über den Ernst-Reuter-Platz bis zur Bundesallee und von der Schlangenbader Straße über den Breitenbachplatz bis nach Steglitz reichen. Stets handelte es sich um die autogerechten Stadtlandschaften der Wachstumsepoche nach 1960 mit ihren verschwenderischen Verkehrsanlagen, Straßenverbreiterungen, untertunnelten Kreuzungen, Fußgängerbrücken, Kreisverkehren, aufgeweiteten Kurvenradien für zügiges Fahren, Abbiegespuren, Ampeln, Einbahnstraßen und Parkbuchten auf Kosten der Bürgersteige.

Freilich war Stimmanns Gegeninitiative nicht ganz so ernst gemeint wie der Vorstoß der Kritiker. So war allein schon die

Ankündigung von Gruppenexpeditionen durch die Kaltluftschneisen und Stadtglatzen des neuen Berlin nach 1945 für Stimmann Provokation genug, um sich tagelange Gewaltmärsche durch die in Beton gegossenen Windkanäle der Berliner Innenstadt zu ersparen. Eher wollte der pensionierte Baupolitiker dem weltanschaulich motivierten Streit um politisch korrekte und unkorrekte Raumgestaltungen die Schärfe nehmen, indem er die erste Übertreibung mit einer zweiten konterte, um aus dieser Schwarz-Weiß-Karikatur die Grautöne einer halbwegs zuverlässigen Kritik des zeitgenössischen Städtebaus zu gewinnen.

Was der eingefleischte Sozialdemokrat, der sich bis heute als „undogmatischen Linken mit marxistischen Grundgedanken" bezeichnet, unter „linken Räumen" versteht, darüber liegt längst eine Bestandsaufnahme vor, zusammengetragen von Stimmann selbst während vieler professioneller und privater Exkursionen in die Nahwelt der eigenen Stadt. Er hat sie in Dutzenden von Zeitungsartikeln und Buchbeiträgen niedergeschrieben, von denen die vorliegende Anthologie 19 exemplarische Beispiele aus den Jahren 2012 bis 2022 enthält. Dass er sich auch mit „rechten Räumen" des NS-Terrors in Berlin auskennt, hatte er viele Jahre lang als Baupolitiker, Juror und Fürsprecher bewiesen, der für die Entstehung neuer Mahnmale, Museen und Gedenkorte auf den blinden Flecken des Stadtgedächtnisses eintrat.

Schon als Senatsbaudirektor hatte Stimmann viele Schriften zu aktuellen Baufragen verfasst.[3] Nach seinem Amtsende 2006 verlegte er sich, neben seinen Tätigkeiten als Vortragsreisender, Jurymitglied und Honorarprofessor an der TU Dortmund, noch mehr auf das Schreiben. Neben mehr als einem halben Dutzend Büchern verfasste er bis Anfang 2022 über vierzig Aufsätze und knüpfte damit an die Erkenntnis großer Vorgänger an, dass Architektur und Städtebau eine überzeugende publizistische Unterstützung brauchen, um auf die öffentliche Meinungsbildung einzuwirken. Das hatten schon der ehemalige Frankfurter Stadtbaurat Ernst May

1925 in Frankfurt und sein Amtskollege Martin Wagner in Berlin 1929 mit ihren erfolgreichen Zeitschriftengründungen und Aufsätzen zur Popularisierung des Neuen Bauens beherzigt. Stimmann hat diese Tradition auch nach seiner Pensionierung als Autor großer Zeitungen und Buchverlage fortgeführt, freilich zur Popularisierung eines etwas älteren, verschütteten Bauens.

Versucht man, die ästhetische Erfahrung Hans Stimmanns zu beschreiben, die er in seinen Architekturkritiken, Stadterkundungen und Geschichtsanalysen zum Ausdruck bringt, dann dominiert stets eine eher affektbasierte und körperlich umwogte Komponente, welche die Einfühlung in haptisch-nahsichtig erfahrbare Räume über die Abstraktionen der optischen Fernwahrnehmung stellt. Seine Beschäftigung mit Häusern und Quartieren ist handwerklich-materiell grundiert und sucht nach der Qualität alltagspraktischer Nützlichkeit und Bequemlichkeit. Häufig argumentiert er aus der Bewegungsperspektive des Fußgängers und Radfahrers, spürt Gehweg- und Straßenbreiten nach und stellt historische Vergleiche an.

Gegen die Realität der gegliederten und aufgelockerten Stadtteile mit ihrer expansiven Funktionstrennung für Wohnen, Arbeiten, Freizeit und Verkehr auf getrennten Fahrbahnen und Fußwegen stellt er die Quartiere der traditionellen Stadt mit ihren Korridorstraßen, Fahrbahnen, Straßenbahnen, Bürgersteigen, Straßenbäumen, Vorgärten und raumbildenden Häusern. Seine Kritik an der Material-, Ressourcen- und Raumverschwendung der modernen Städte datiert lange vor der aktuellen Klimadiskussion. Dennoch attestieren ihm seine Gegner in den Architektenverbänden und Kunstakademien bis heute nicht ein Mindestmaß an stadtökologischer Sensibilität, sondern nur autoritäres, antiliberales Gedankengut.

Zweifellos hatte Stimmann während der heißen Phase des Berliner Immobilienbooms nach 1991 viele Bauwettbewerbe mit harter Hand geleitet und auch manche Architekturdiskussion mit klaren Gestaltungsvorgaben zur Materialwahl, Bordsteinkante und

Traufhöhe abgewürgt. Viele international bekannte Entwerfer beschimpften Stimmann, ihre Architektur sei nicht möglich, wenn sie eine gerade Baulinie einhalten müssten.

Während die anfangs umstrittenen Neubauten der Stimmann-Ära weitgehend ins Stadtleben integriert sind, ist die Kritik an der Person und Programmatik Stimmanns bis heute nicht verstummt. Denn der gelernte Maurer und promovierte Stadtplaner ist ein kraftvoller Redner, aber ein nicht ganz so guter Zuhörer, der gern provoziert und lästert, Widersacher aus der Reserve lockt und mit seiner fast gebetsmühlenhaften Wiederholungsgabe ihre Verweigerungshaltung zermürbt. Auch wenn ihm das zuweilen den Ruf eines Polterers einbrachte, so hat er stets die Etiquette bewahrt und seine weithin glücklose Nachfolgerin Regula Lüscher nie öffentlich kritisiert. Dagegen hat Lüscher jahrelang Stimmann angegriffen und wendet sich bereits wenige Wochen nach dem Amtsantritt gegen die neue Senatsbaudirektorin Petra Kahlfeldt.[4]

Besonders kämpferisch argumentiert Stimmann dagegen bei einem seiner Lieblingsthemen, den autogerechten Städteschlachtungen. Stimmanns Überlegungen kreisen immer wieder um die einstige Ostberliner Stadtmitte, die mit ihren riesigen Bewegungsachsen und Blickschneisen bis heute mehr zum Durchfahren, aber weniger zum Anhalten animiert. Hier liegen die sozialistischen Hochhausscheiben der Fischerinsel und die horizontalen Prellböcke des Rathausforums immer noch wie suprematistische Schwebebalken in der Gegend herum. Dieser Freiraum der versprengten Monumente war mit dem Abriss der kriegsversehrten Altbauten und des Hohenzollernschlosses seit 1950 nicht nur baulich leer, sondern entwickelte sich mit dem Ausbau der Demonstrationsplätze und Autoschneisen zu einem Bewusstseinsloch, das jede Erinnerung an die Stadtgeschichte schluckte. Stimmanns Reformwunsch lautet prägnant: Aus der sinnentleerten Staatsmitte der untergegangenen DDR soll die wiederentdeckte Stadtmitte des aufstrebenden Berlin werden. Den Einwand, dass Berlin längst nicht mehr monozentrisch aufgebaut ist, sondern aus vielen Städten mit je eigener urbaner Identität besteht, lässt er weiterhin nicht gelten.

Der Frage, wie mitten im Ursprungsort Berlins mit den einst ältesten Straßen, Plätzen und Brücken dieser Kahlschlag entstehen konnte, geht Stimmann 2021 in einem Aufsatz nach, der eigentlich nur einen Nebenaspekt behandelt: den Wettbewerb um den Neubau von zwei Berliner Innenstadtbrücken, die die Spreeinsel überqueren und in Verlängerung der Leipziger Straße den Berliner Nordosten erschließen.[5] Bis 1976 hatte die alte, von James Hobrecht geplante Gertraudenbrücke noch den gesamten Ostberliner Stadtverkehr einschließlich Straßenbahn bewältigt. Danach wurde sie außer Betrieb genommen und eine mehr als doppelt so breite sechsspurige Stahlbrücke, die Neue Gertraudenbrücke, daneben gesetzt.

Während für diese inzwischen marode Brücke der Bauwettbewerb erst in Vorbereitung ist, wurde der Neubau für die benachbarte Mühlendammbrücke bereits entschieden. Diese ist nach 40 Jahren Betrieb ebenfalls sanierungsbedürftig und soll in fast gleicher Größe als sogenannter Ersatzneubau wieder entstehen, der in seiner Riesendimension die Altstadt weiterhin zuverlässig plattmacht. Stimmann resümiert: „So wird der Frontalangriff der DDR-Planer auf das Gedächtnis der Stadt, den die Schneise vom Molken- zum Spittelmarkt einschließlich der beiden monströsen Brückenbauwerke bedeutet, von den heutigen Verkehrsplanern fortgeführt." Die Klage über den Untergang der Stadtgeschichte lässt Stimmann regelmäßig zu Hochform auflaufen. Wenn er gar auf eine Kombination von Stadtautobahn- und Hochhausplanung trifft, wie bei der Überbauung der Schlangenbader Straße in Wilmersdorf, stimuliert das gleich zwei seiner Hauptaversionen. Als die Berliner Denkmalbehörde 2018 die Wohnpyramide über einer Stadtautobahn unter Schutz stellte, rief er den Zeitgeist der Berliner Spätmoderne in Erinnerung, der solche Projekte als zukunftsweisend verstand.[6] An der Schlangenbader Straße hatte der Architekt Georg Heinrichs von 1971 an ein 600 Meter langes 14-geschossiges

Terrassenhochhaus als Auftakt einer neuen „Bandstadt" entworfen, in dessen Bauch die Rollgeräusche der Autobahn sich seitdem bis in die oberen Etagen als tiefes vulkanisches Rumpeln bemerkbar machen.

Das 1971 von einem Privatinvestor begonnene Projekt wurde nach dessen Bankrott von einer landeseigenen Wohnungsgesellschaft übernommen, die bis heute nicht sagen kann, wie defizitär dieser futuristische Riesenbau tatsächlich ist. Sicher ist nur, so Stimmann, dass der gewaltige Tafelberg die bis dahin teuersten Sozialwohnungen Berlins enthält, die Tunnelautobahn den Breitenbachplatz zerstört und die noch im alten Profil erhaltene Schildhornstraße zum emissionsbelasteten Unort macht. Doch anstelle voreiliger Abrissforderungen formuliert er einen Appell zur Erhaltung: „Natürlich sollte man die Überbauung trotz der enormen hohen Betriebskosten und der Verwendung von Eternit bei der Fassadenverkleidung und den Lüftungsanlagen, die die überfällige Sanierung extrem kostenaufwändig macht, als Teil des urbanistischen Erbes des von Finanz- und Baukrisen geschüttelten alten West-Berlin als Mahnmal bewahren."

Freilich ist Stimmann kein Maschinenstürmer auf der Suche nach einer heilen Vergangenheit, sondern kritisiert auch die Wiederkehr verordneter Gemütlichkeit, wie sie 2020 beim Umbau der Friedrichstraße in eine autolose Begegnungszone installiert wurde. Mit Parklets, Kübelbäumen und einem separierten Radschnellweg, beklagt Stimmann, sei die zuvor schon enorm geschwächte Geschichte der Friedrichstraße mit ihrer einst großstädtischen Mischung aus Arbeit, Vergnügen und Verkehr weiter abgewürgt worden.[7]

Stimmann verteidigt nicht nur das urbane, sondern auch das industrielle Erbe Berlins. Angesichts des Abrisses des mächtigen Heizkraftwerks Wilmersdorf am südwestlichen Berliner Stadtautobahnring kritisiert er den rücksichtslosen Umgang mit Bauten der siebziger Jahre. Er wundert sich, dass Berlin einerseits das

„Mäusebunker“ genannte Tierversuchslabor der Charité sowie den skurrilen Aussichtsturm „Bierpinsel“ schützt, aber zugleich das symbolträchtige Heizkraftwerk mit seinen drei markanten Kesselhäusern und den 102 Meter hohen Stahlblechschornsteinen von 1977 preisgibt.[8] Der Autor erinnert daran, dass Berlin im 19. Jahrhundert zur größten Industriestadt Europas aufgestiegen war und als Weltmarktführer der Elektrotechnik den Beinamen „Elektropolis“ trug. Zur Erhaltung dieses wenngleich jüngeren, aber baukulturell bedeutenden Verbindungsglieds zur Berliner Industriekultur verweist er auf das Battersea-Kraftwerk in London, das 2013 erfolgreich in ein Wohn-, Einkaufs- und Bürozentrum umgewandelt wurde.

Bis heute wundert sich Stimmann, dass er besonders von Intellektuellen seit 1991 unentwegt bekämpft wird: „Bausenator Nagel und ich hatten als alte linke Sozialdemokraten eher damit gerechnet“, so Stimmann in einem *Welt*-Interview 2015, „dass uns die ‚Kapitalisten‘ kritisieren.“ Doch seine Kritiker würden sich bis heute nicht an den überaus selbstbewusst auftretenden Investoren reiben, sondern an Stimmanns Kernbegriffen wie Stadtgrundriss, Geschichte, Tradition und Parzelle.[9]

Der Punkt, an dem Stimmanns Stadtvorstellung aus der Rezeptionsästhetik der Stadtwahrnehmung in die hochpolitische Produktionslogik des Bauens überspringt, ist die ökonomische Kernfrage nach dem Bodeneigentum. Die beiden Modi der Vergesellschaftung – entweder durch private wie öffentliche Großinvestoren und Kapitalsammler im Westen oder durch das sozialistische Volkseigentum im Osten – hält er gleichermaßen für Sackgassen des Städtebaus. Seine Vorbilder findet er im wirtschaftsliberalen Marktgeschehen in der zweiten Hälfte des 19. Jahrhunderts, als Berlin weitaus schneller baute und expandierte als heute.

Beim traurigen Anblick des neuen Europa-Viertels nördlich des Berliner Hauptbahnhofes stellt Stimmann fest, dass die monotonen Großblöcke mit 50 bis 100 Meter langen Fassadenabwicklungen, minimierten öffentlichen Räumen und fehlender

Durchmischung keine Stadträume bilden, weil die Investoren nicht länger Häuser bauen, sondern Nutzungsarten und Flächenvorgaben.[10] Das war vor 150 Jahren anders. Vor allem in der jungen Reichshauptstadt Berlin lag das Planungsgeschäft ganz in der Hand privater „Terraingesellschaften". Das waren flinke Kaufleute, die Ländereien rings um Berlin aufkauften, Straßen, Plätze und Kanalisation bauten und das erschlossene Bauland dann parzellenweise an private Bauherren verkauften. Oft errichteten die Baulöwen die Mietsblöcke auch selbst und verliehen ihren Kunden sogar noch die Kredite zum Kauf. Dass ihre Spekulationsobjekte bei Anlegern aus dem Bürgertum und dem Handwerkerstand reißenden Absatz fanden, lag auch daran, dass der Kapitalmarkt noch schwach entwickelt war: Mangels Versicherungen, Fonds und Rentenanlagen war die Immobilieninvestition die beste Altersvorsorge.

Den Qualitätsunterschied zwischen den Stadterweiterungen im ausgehenden 19. Jahrhundert und den heutigen inselartigen Urbanisierungsprojekten wie im Europa-Viertel sieht Stimmann nicht in der Architektur der wärmegedämmten Fassaden und auch nicht im Planungsrecht oder der Bürgerbeteiligung – es liegt für ihn am geänderten Umgang mit der Bodenfrage und der daraus folgenden Art der Stadtproduktion durch Unternehmer, Architekten, Bauherren und Bewohner. Der Wohnungs- und Geschäftsbau war um 1900 noch eine weitgehend private Aufgabe, bei der die Gemeinden keine Wettbewerbe veranstalteten, sondern lediglich die Einhaltung der aktuellen Bauordnung kontrollierten.

Dem stellt Stimmann die Vorgehensweise heutiger Projektentwickler gegenüber. Ihre Grundlage ist kein Stadtgrundriss mehr, sondern der Flächennutzungsplan, der „Art und Maß der Nutzung" festlegt. Die Projektentwickler lassen ihre Architekten dann keine Häuser, sondern ganz Blöcke entwerfen, die noch vor Fertigstellung verkauft oder vermietet werden; der Straßenbau kommt zum Schluss. Das Ergebnis sind von abstrakten Beteiligungsverhältnissen strukturierte Stadtteile ohne Eigenschaften, die nicht aus dem

Handel mit Baugrundstücken oder Hauseinheiten, sondern aus dem Verkauf oder der Vermietung von Wohn- oder Büroflächen hervorgehen. Solche Quartiere sind nicht ganz abwesend, aber auch nicht ganz da und werden sehr lange brauchen, bis sie durch Aneignung, Gebrauch und Umnutzung urbane Lebensqualität entwickeln.

Stimmanns Plädoyer für einen privaten, parzellierten und eigentumsbezogenen Städtebau ist der wahre Grund, warum er weiterhin erbitterte Feinde hat, die ihn sogar als Protagonisten von „rechten Räumen" schmähen. Er beharrt auf seinem Grundsatz, dass der Berliner Senat beim Neuaufbau nach der Wende stärker darauf hätte achten müssen, bei der Grundstücksvergabe die Parzellen kleiner zu machen; stattdessen kamen die ehemals volkseigenen Flächen blockweise auf den Markt, was nahezu alle historischen Grundstücksgrenzen in der Berliner Mitte sprengte.

Stimmann will das kleinteilige Eigentum wieder etablieren und damit auch Kleininvestoren oder Baugruppen eine Chance geben, sich in der Stadt eine Hausgemeinschaft zu bauen oder eine Heimat zu finden. Die wesentlichen der hier versammelten Texte plädieren für eine Reurbanisierung, die nicht auf historischen Schmuckelementen oder bühnenbildartigen Gruppierungen beruht, sondern auf eigentumsrechtlicher Feinkörnigkeit und wirtschaftlich-funktioneller Porosität. Er will an diese über Generationen hinweg wirksame Leistungsform anknüpfen, die gleichsam die DNA des städtischen Zellwachstums bildet, deren urbane Widerstandskräfte sich in vielen Geschichtsstürmen bewährt haben. Denn Flächennutzung muss, wie Stimmanns langjähriger Berater Dieter Hoffmann-Axthelm immer wieder beschrieben hat, als Ausdruck sozioökonomischer Kooperationen verstanden werden.

Man könnte dies auch als eine altbewährte ökonomische Form von Bürgerbeteiligung ansehen, die freilich ein verbindlicheres Engagement verlangt als derzeit gängige Partizipationsmodelle der Mitsprache von Stadtteilgruppen und Basisinitiativen. Auch wenn die Mehrheit der Neubautätigkeit in Berlin und anderswo kaum mehr Rücksicht auf die Parzellierungslogik nehmen wird, so wäre viel erreicht, wenn sie wenigstens an ausgewählten Orten als Chance begriffen würde, aus den heutigen Konsumenten von Stadt wieder Produzenten zu machen. Ob die Bewohner von den neuen Räumen dann rechten oder linken Gebrauch machen, bleibt dem planerischen Zugriff weiterhin entzogen.

1 Hans Stimmann, Verdammt zu Unwirtlichkeit oder Nostalgie? Zur Modernität der Stadtbaukunst nach dem Jahrhundert der Stadtplanung, in: *Merkur. Deutsche Zeitschrift für europäisches Denken,* Heft 731, Stuttgart 2010, S. 317–324.
2 Vgl. *Arch* +, Rechte Räume. 52. Jg., Mai 2019
3 Vgl. Jörn Düwel, Michael Mönninger (Hg.), Von der Sozialutopie zum städtischen Haus. Texte und Interviews von Hans Stimmann. Berlin 2011
4 „Sie bringt alte Netzwerke mit, die Stimmannschen Netzwerke." Regula Lüscher im Gespräch mit dem Internet-Magazin *Swiss Architects* v. 27. Januar 2022. https://www.swiss-architects.com/de
5 Hans Stimmann, Brückenbau in Berlin-Mitte: Wie die Grünen die Schneise lieben lernten. *F.A.Z.* v. 23.8.2021
6 Hans Stimmann, Sozialwohnungen: Freie Fahrt durch den Bauch der Betonmonster. *F.A.Z.* v. 4.3.2018
7 Hans Stimmann, Technokratische Verkehrswende: Die Friedrichstraße, ein Stadtschicksal. *F.A.Z.* v. 14.12.2020
8 Hans Stimmann, Abriss in Berlin: Interessiert kein Schwein. *F.A.Z.* v. 4.1.2022
9 Hans Stimmann, „In Berlin ist auch vieles daneben gegangen". Interview mit Rainer Haubrich in: *Die Welt* v. 15.11.2015
10 Hans Stimmann, Stellt endlich die Bodenfrage! Die Berliner „Europacity" zeigt, warum wir keine Städte mehr bauen können. *F.A.Z.* v. 3.4. 2017

*Dr. Michael Mönninger ist Professor für Geschichte und Theorie der Bau- und Raumkunst an der Hochschule für Bildende Künste in Braunschweig und arbeitet als Kritiker u.a. für die* Frankfurter Allgemeine Zeitung. *Zuvor war er leitender Redakteur und Korrespondent u.a. bei* F.A.Z., Spiegel *und* Die Zeit. *Zuletzt ist von ihm das Buch „Neue Heime als Grundzellen eines gesunden Staates. Städte- und Wohnungsbau der Nachkriegsmoderne. Die Konzernzeitschrift Neue Heimat Monatshefte 1954–1981" erschienen. Zusammen mit Jörn Düwel hat Michael Mönninger 2011 das Buch „Von der Sozialutopie zum städtischen Haus. Texte und Interviews von Hans Stimmann" herausgegeben, an das die vorliegende Sammlung mit Texten von Hans Stimmann anknüpft.*

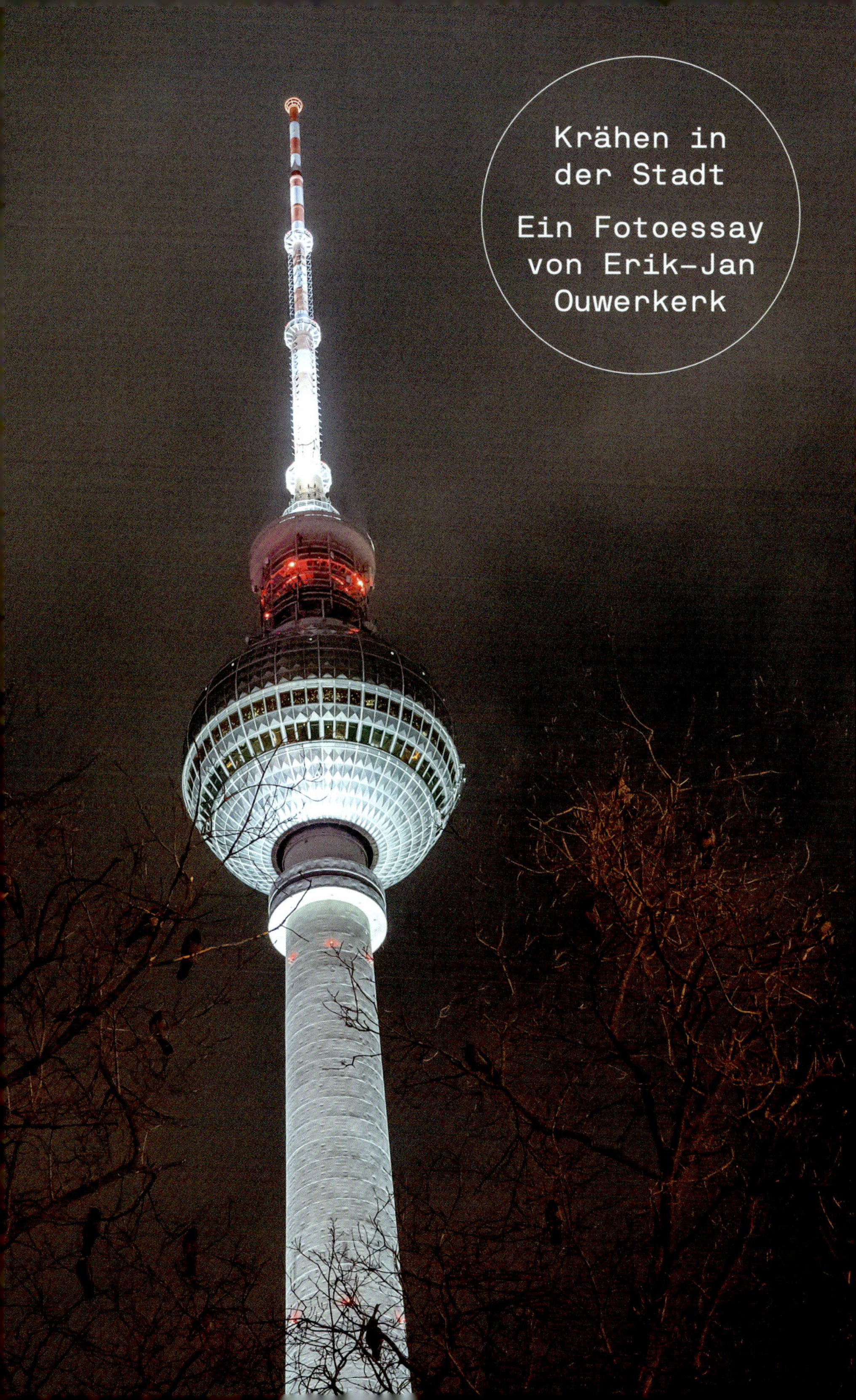
Krähen in
der Stadt
Ein Fotoessay
von Erik-Jan
Ouwerkerk

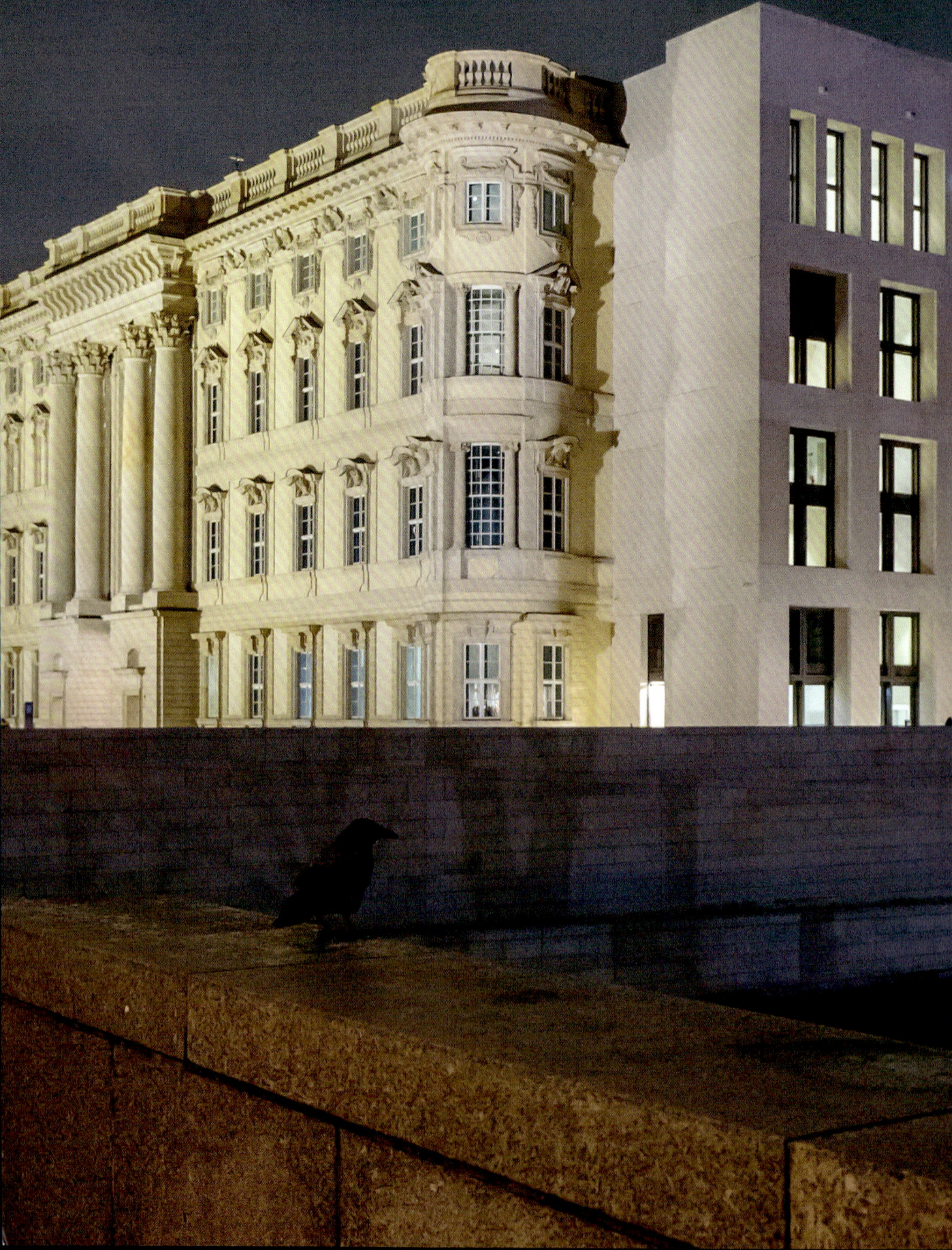

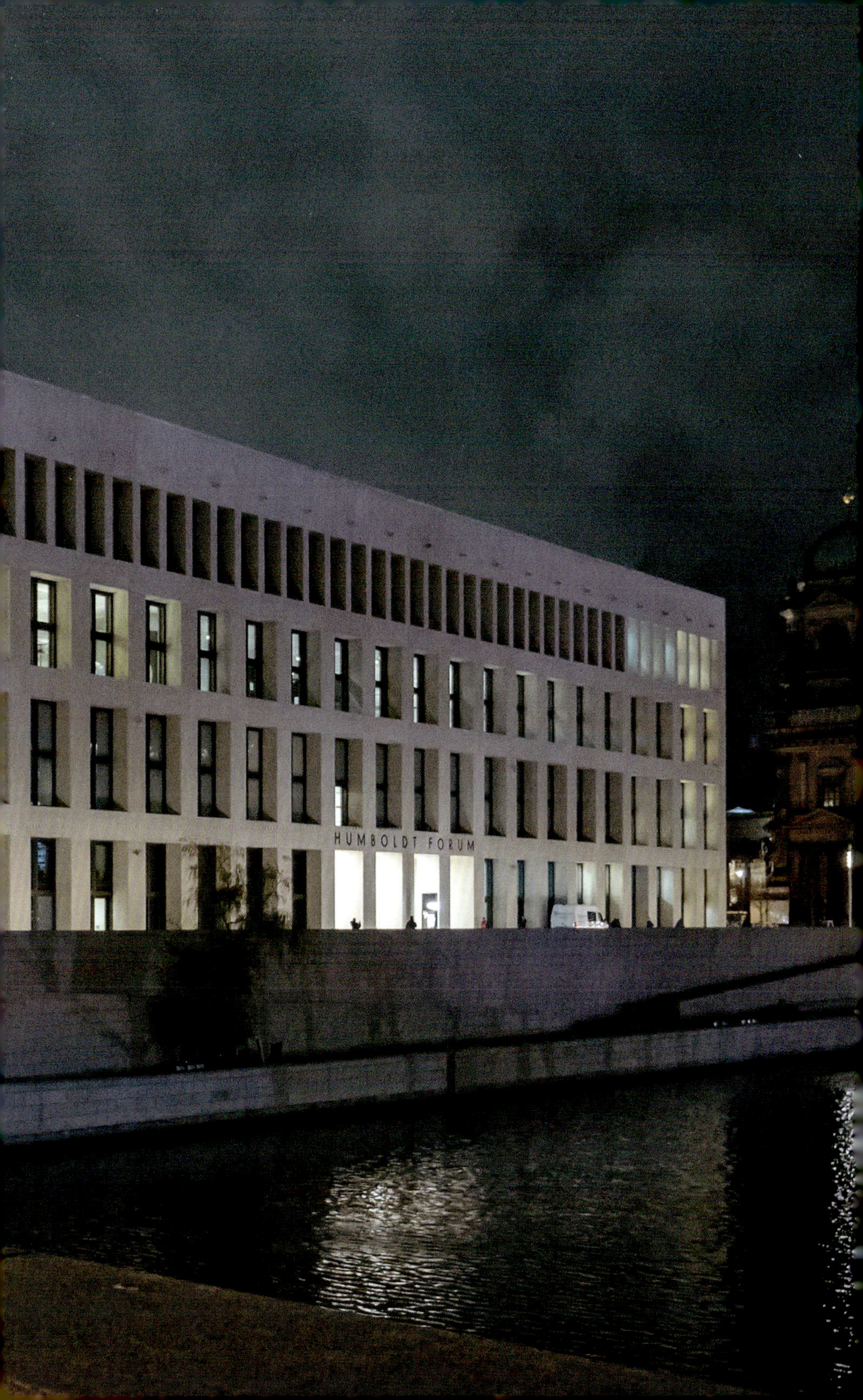
HUMBOLDT FORUM

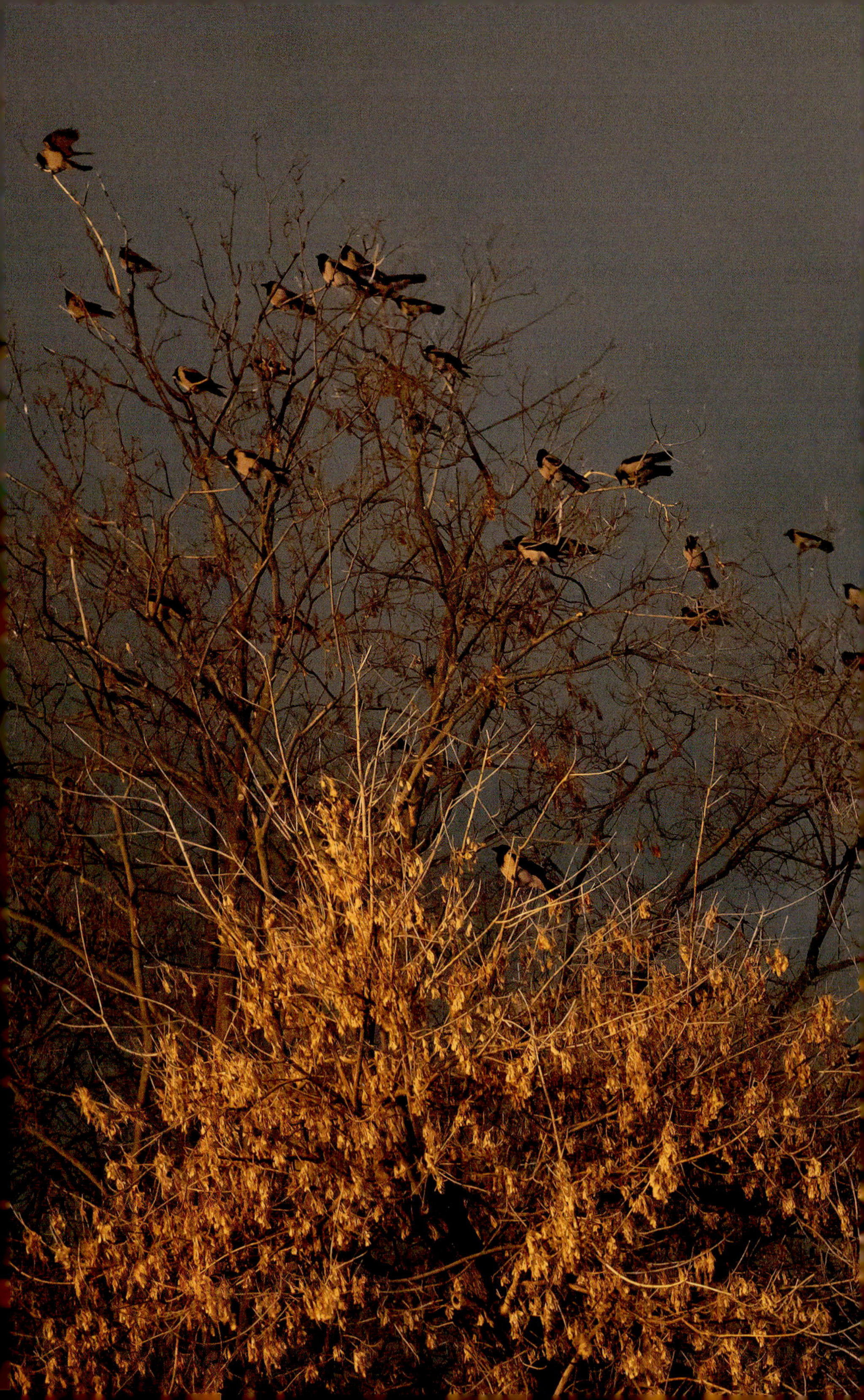

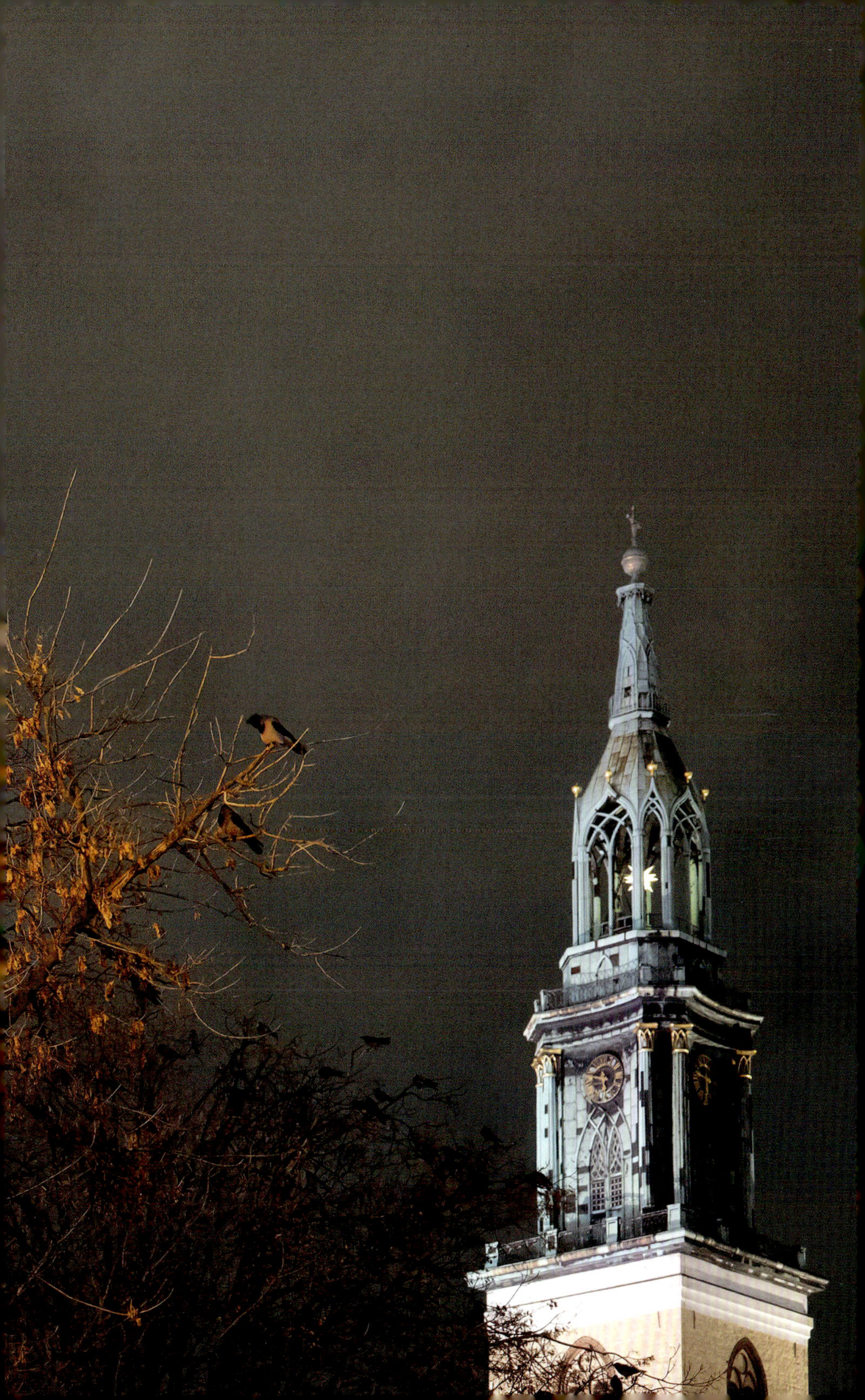

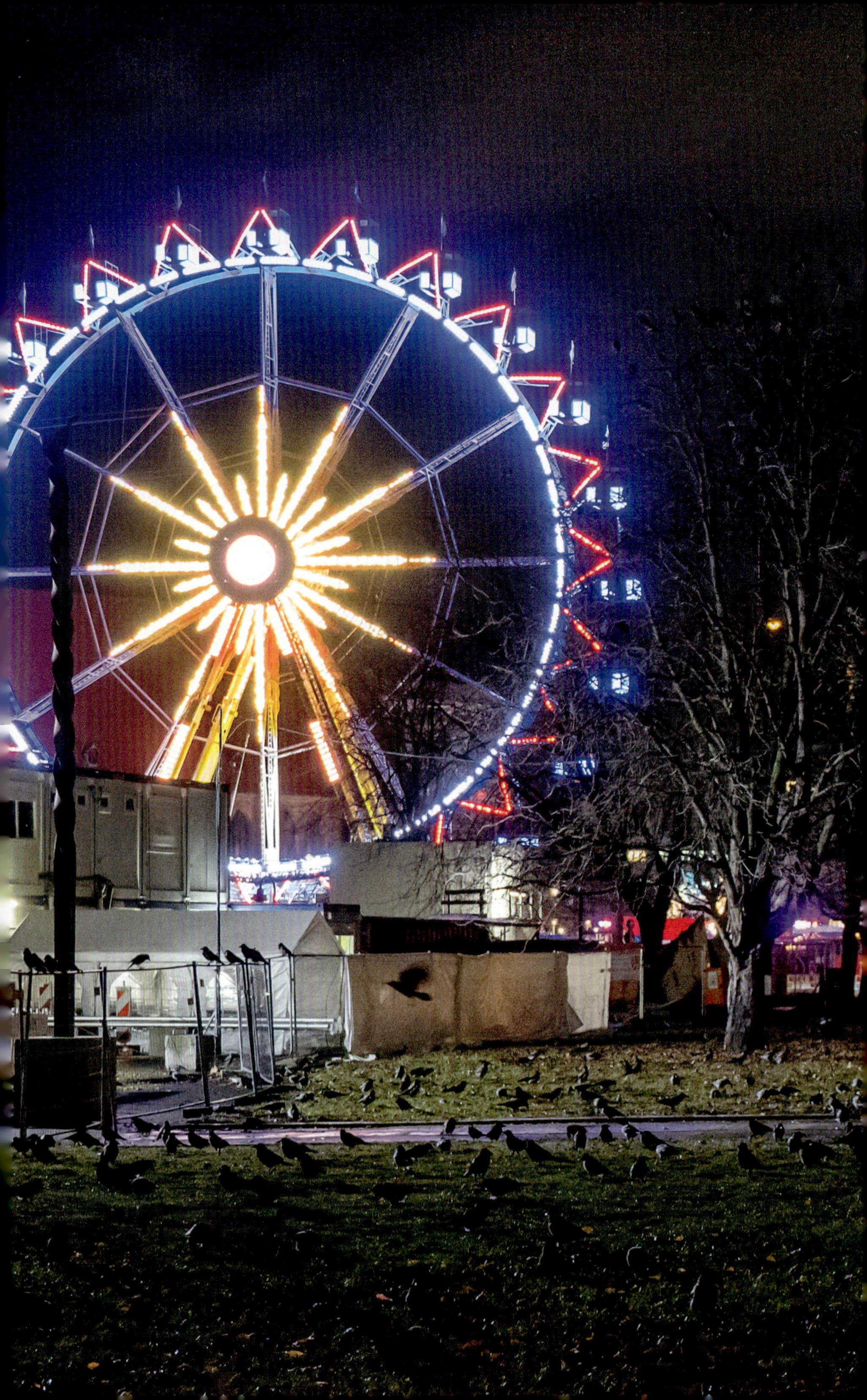

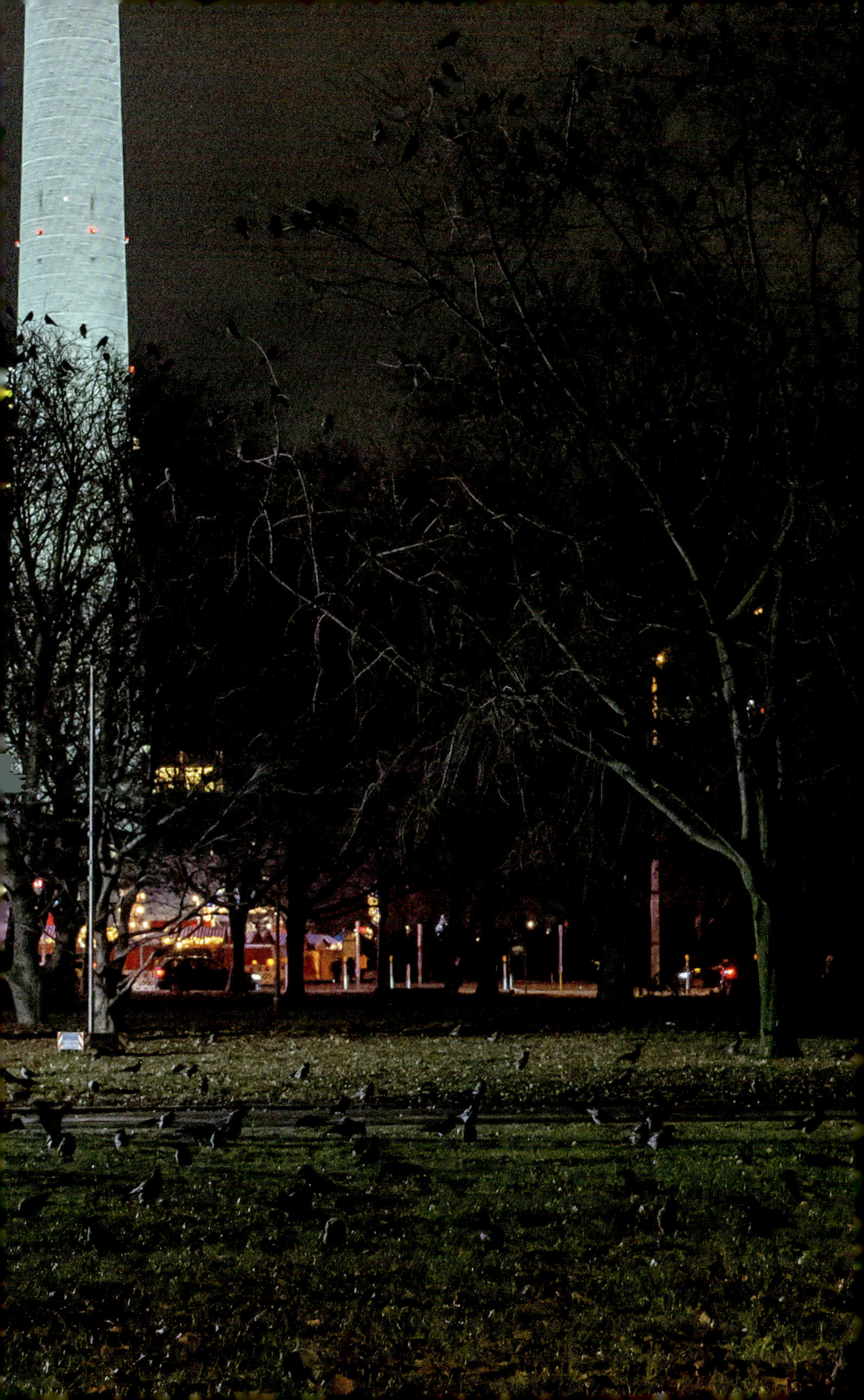

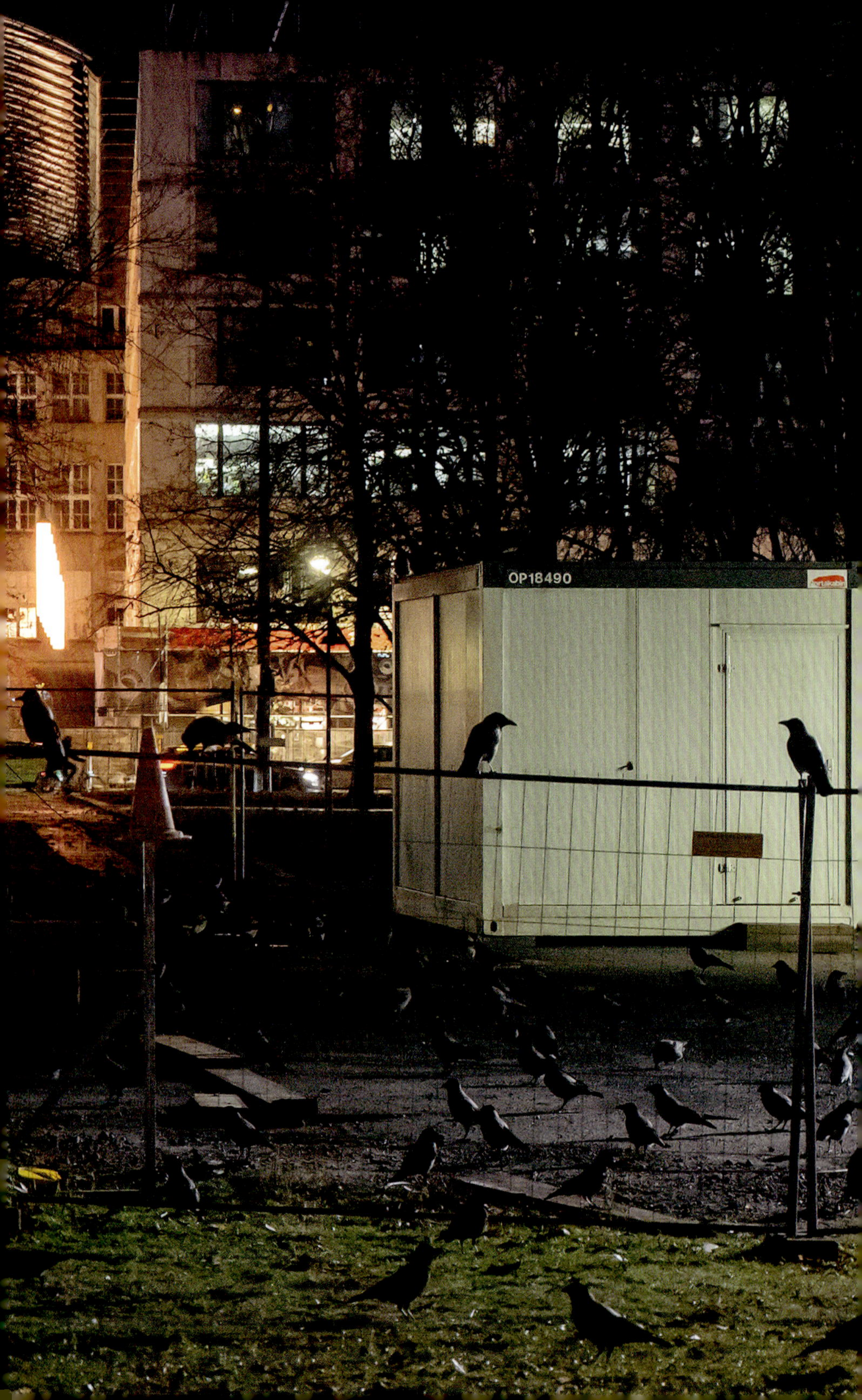
OP18490

## Ausblick auf 2070

# Über die Stadtgesellschaft als Doppelstadt

Obwohl die Einheit der Stadt oft genug beschworen wurde, gibt es auch 30 Jahre nach dem Fall der Mauer weder einen politischen noch einen kulturellen Konsens über die Identität der Stadt. Berlin bleibt trotz aller Anstrengung einer Kritischen Rekonstruktion der Straßen und Platzräume auch in den mittelalterlichen Gründungskernen zweigeteilt und erinnerungslos. Die Ursache dafür waren nicht zuerst der Mauerbau und auch nicht die Zerstörungen durch die Bomben während des Krieges, sondern der NS-Terror, der zuvor die geistige Bausubstanz Berlins ruiniert hat. Was aus den Ruinen „auferstand“, war eine Art von Verdrängung in der besonderen Form des Sicheinrichtens auf den Wettbewerb zweier modellhaft gedachter gesellschaftlicher Lebensformen gegensätzlicher politischer Systeme. Sichtbar wurde dies in den städtebaulichen und architektonischen Planungen beim Umbau des historischen Stadtzentrums zum Staatszentrum der DDR und bei der Planung des Kulturforums für West-Berlin anstelle des Tiergartenviertels rund um die Matthäuskirche.

Auf der Staatsbühne der zur Hauptstadt der DDR umgebauten Areale der mittelalterlichen Stadtmitte wurden diverse Neuinszenierungen der „sozialistischen Stadt“ nach sowjetischen Vorbildern zur Aufführung gebracht. Dabei konnten die Architekten der DDR ohne Rücksicht auf private Besitzverhältnisse von Wohn- und Geschäftshäusern kulturelle Einrichtungen nutzen, die die Identität Berlins verkörperten. Sie konnten aber auch zerstören, was politisch nicht ins Bild passte, oder wenn sie, wie die Altstadt, das Schloss und die Bauakademie, einer Neuinszenierung im Wege standen.

So entstand die bemerkenswerte kulturpolitische Konstellation, dass in der Friedrichstadt die meisten Museen, Opernhäuser, Theater, die Universität, Akademien, Bibliotheken und Kirchen in sanierter oder rekonstruierter Form weiter genutzt werden konnten, aber die Börse, die Banken und Hotels verschwanden.

Da die Reichsministerien der Wilhelmstraße im Sicherheits- und Grenzbereich der Mauer lagen und der Reichstag sogar im Westsektor stand, stellte sich dem SED-Regime zudem die Aufgabe der Neuplanung der DDR-Staatsrepräsentation und des SED-Machtzentrums. Dafür wurden die kleinteilig bebauten Geburtsorte der Stadt zur funktionalen und räumlichen DDR-Staatsmitte umgebaut. Zur Inszenierung gehörten das Marx-Engels-Forum sowie der ebenfalls nach Marx und Engels genannte Aufmarschplatz, begrenzt durch das Staatsratsgebäude, das Außenministerium anstelle der 1961 abgerissenen Bauakademie und der Palast der Republik auf dem ehemaligen Schlossareal. Akzentuiert wurde der Staatsraum durch den Fernsehturm neben der Marienkirche und das Rathaus. Die Erschließung erfolgte durch autogerecht riesig dimensionierte Straßen, Plätze und Brücken. Während alle europäischen Hauptstädte auf eine identitätsstiftende Altstadt sowie auf ein Schloss verweisen können, entstand in Berlin mit dem neuen Staatsraum eine architektonisch aktuelle Machtdemonstration von ungeschönter Direktheit, bei der nur die Marienkirche als

Dokument der mittelalterlichen Stadtgeschichte als Objekt wie in einem Museum erhalten blieb.

Obwohl über das Ziel der Einheit der Stadt seit 1989 abstrakt Einigkeit besteht, gibt es bis heute weder einen politischen noch einen architektonischen Konsens über die Zukunft der Gründungsorte Berlins. Die in ihrem Maßstab und in den Details an die Inszenierung der Hauptstadt der DDR erinnernde Räume sind leer und den Bewohnern der westlichen Hälfte der Doppelstadt fremd geblieben. Dabei hat es an guten Absichten, die kulturellen Barrieren einzureißen, nicht gefehlt, aber sämtliche Versuche, die ehemals gemeinsame Stadtmitte als den Ort einer wiedervereinigten Stadtgesellschaft durch eine Kritische Rekonstruktion der Straßen und Platzräume mit moderner privater kleinteiliger Bebauung zurückzugewinnen, wurden vom Senat in unterschiedlichen politischen Konstellationen abgeblockt.

Das Selbstverständnis der in den vier Nachkriegsjahrzehnten entstandenen Stadtgesellschaft der Doppelstadt definierte sich nicht über die Orte der Stadtgründung und auch nicht über ihre friedrichstädtischen Erweiterungen, sondern über die Bezirke, vielleicht über den Alexanderplatz, die City-West oder das Kulturforum. In der Stadtwerbung ist der Fernsehturm zu einem Wahrzeichen Berlins aufgestiegen, seine Umgebung bleibt aber als Marx-Engels-Forum mit Schlossbrunnen und Rathaus ohne Erinnerung an die Geschichte der Stadt und ihr besonderes Verhältnis zum Schloss.

Inzwischen hat der Senat es aufgegeben, die Gründungsorte zum Mittelpunkt der politisch wiedervereinigten Stadt zu machen. Das aktuelle politische Ziel ist es vielmehr, die Staatsachse der DDR – beschönigend „Freiraum zwischen Rathaus, Fernsehturm und St. Marien" genannt – zu erhalten und gartenarchitektonisch zu modernisieren.

Diese Position, den Status quo als Dokument der Teilung zu erhalten, ist auf der Ostseite des Staatsraumes mit einem Blick auf den achtspurig ausgebauten Straßenzug ebenfalls zu bestaunen. Er begräbt u. a. St. Petri, die Mühlendammbrücke, den Molkenmarkt und den Großen Jüdenhof unter seinem Asphalt. Zwar hat der Senat für das Areal zwischen Rathaus und Stadthaus schon 1999 eine kleinteilige Neubebauung beschlossen, realisiert wurde aber nichts. So erinnert auch dieser Teil der Stadtmitte mit dem ausgelöschten Jüdenhof schmerzlich an die rücksichtslose Planung für die Hauptstadt der DDR. Auch der Bau des Humboldt Forums auf dem Areal des gesprengten Stadtschlosses hat daran nichts geändert. Das Humboldt Forum präsentiert sich als Solitär ohne Stadt und damit als missliebiger Ersatz für den „Palast" im Staatsraum der DDR.

Das West-Berliner Pendant zur Staatsachse der DDR ist das Kulturforum mit seinen Jahrhundertbauten der Philharmonie und der Neuen Nationalgalerie, der Staatsbibliothek und der Gemäldegalerie rund um die St. Matthäikirche des Architekten Friedrich-August Stüler. Nur sie erinnert daran, dass sich hier bis 1933 die Arbeits- und Wohnorte der Spitzen des bürgerlichen Berlins befanden. Hier wohnten und arbeiteten beispielsweise der Bildhauer Georg Kolbe, der Maler und Zeichner Adolph Menzel oder der Schriftsteller Carl Zuckmayer. Zu ihren Nachbarn gehörten die Warenhausbesitzer Georg Wertheim und Oskar Tietz, die Bankiers Rothschild und Ludwig Bamberger (Gründer der Deutschen Bank), die Industriellen Emil und Walther Rathenau, der Berliner Stadtbaurat Ludwig Hoffmann, die Kunstsammler Eduard Arnhold, Bruno und Paul Cassirer, Eduard Simon, Emil Mosse und Luis Ullstein, der Bürgermeister von Berlin, Arthur Hobrecht, und viele andere, die geistige Substanz Berlins prägende Persönlichkeiten.

Ihre Stadtvillen wurden nach 1933 enteignet und dann teilweise für die von Albert Speer geplante gigantische Nord-Süd-Achse abgerissen. Die nach Kriegsende verbliebenen Ruinen wurden mit Ausnahme von St. Matthäi und der Villa Parey in den sechziger Jahren für die Realisierung des Kulturforums abgerissen, die Grundstücke für Kulturbauten zusammengelegt und die berühmte Victoriastraße für die sechsspurige Stadtautobahnzufahrt zur Westtangente ausgelöscht.

Um diese Radikalität im Umgang mit der besonderen Geschichte zu begreifen, muss man sich daran erinnern, dass das Kulturforum die politische Antwort auf die Teilung Berlins und die damit erfolgte Abtrennung der Kulturbauten in der historischen Mitte war, zugleich aber auch eine ästhetische Antwort West-Berlins in Form einer grünen Stadtlandschaft mit Kulturobjekten und breiten Autostraßen. Trotz seiner berühmten Kulturinstitutionen ist die Idee eines Forums gleichwohl nur ein vor fünfzig Jahren formulierter, uneingelöster Anspruch geblieben.

Obwohl mit dem Fall der Mauer das politische Gründungsfundament des Kulturforums als westliche Antwort auf die Teilung der Stadt verschwunden ist, hält der Senat bis heute an der Fortschreibung seines Konzeptes einer erinnerungslosen Westberliner Stadtlandschaft mit Kulturobjekten, der St. Matthäi-Kirche und einer trennenden Stadtautobahn fest. Auch die Planung des neuen Museums für die Kunst des 20. Jahrhunderts schreibt diese aus der geteilten Stadt stammende Haltung ungerührt fort. Berlin bleibt Doppelstadt und wird es noch 2070 sein, wenn sich die politischen Parameter im Umgang mit der Stadt nicht ändern.

*Dieser Aufsatz von Hans Stimmann erschien 2021 in* BB 2070 – Magazin für Städtebau und urbanes Leben *(Nr. 6), das im Kontext des Projekts „Unvollendete Metropole" des Architekten- und Ingenieurvereins zu Berlin-Brandenburg (AIV) veröffentlicht wurde. Hrsg. von Harald Bodenschatz und Tobias Nöfer.*

# „Immer muss es gleich die ‚Stadt von morgen' sein"

## Hans Stimmann im Gespräch mit Reinhard Bünger

**Herr Stimmann, man müsse die Stadt nicht ständig neu erfinden, sagten Sie kürzlich auf einer Veranstaltung des Architekten- und Ingenieurvereins zu Berlin-Brandenburg. Berlins Politikerin Bettina Jarasch aber will „eine Stadt für Menschen, nicht für Autos". Die Innenstadt ohne Verbrenner – möglichst bis 2030 – steht auf dem Programm. Ist das angesichts des Klimawandels nicht nur konsequent oder eine Utopie?** Ja, es ist, wenn Sie so wollen, eine „konsequente Utopie". Sie redet so, als gäbe es Berlin mit all seinen differenzierten Anforderungen gerade in der Innenstadt als Parlaments- und Regierungssitz, Kulturzentrum, mit seinen Boulevards, Plätzen, Kirchen oder Hotels gar nicht, und dass es wieder einmal darum geht, die Stadt neu zu erfinden. Natürlich „für Menschen", als ob es jemals jemanden gegeben hätte, der das nicht wollte. Insoweit hat das sehr viel mit den gesellschaftspolitischen Utopien mit neuen Stadtmodellen nach 1945 zu tun. Auch nach dem Fall der Mauer gab es entsprechende Vorstellungen. Und obwohl die Grünen zusammen mit den Linken und der SPD regieren, fällt dem Senat kaum etwas zum Thema der Modernisierung existierender Lösungen ein. Immer muss es gleich die „Stadt von morgen“ sein, und die landet dann in der „Europacity“ der Heidestraße oder irgendwann im verkehrsgerechten Neubau der Mühlendammbrücke oder im Holzbauquartier von Tegel.

**Brauchte es nicht Utopien? Jetzt wird viel über das Sterben der Innenstädte infolge des Sterbens des Einzelhandels geschrieben und gesprochen, nicht nur wegen der Folgen der Pandemie. Machen Sie sich um einzelne Lagen in Berlin – um nicht von Berliner Innenstädten zu sprechen – Sorgen, denen stadtplanerisch zu begegnen wäre?** Auch die Quartiere, die heute attraktiv sind, sind nicht „gewachsen“, sondern geplant, oft sogar von privaten Terraingesellschaften. Die treibende Kraft des späten 19. und frühen 20. Jahrhunderts war die große Industrie, aber eben auch das Gewerbe in den Mietshausquartieren. Die Wohnungen waren zwar klein, oft dunkel, technisch schlecht ausgestattet, etc., aber es waren keine „Wohnmaschinen“.

**Dazu kommen wir noch …** Aber die jetzige Koalition würde es wohl sowieso nicht zulassen, dass private Projektentwickler wie Carstenn oder Haberland Vorstädte im Stil von Friedenau nicht nur bauen, sondern vorher auch planen. Straßenplanung ist heute ausschließlich Aufgabe der Kommune, aber deswegen nicht immer besser.

**Sollen die Einzelhandelsstrukturen denn so bleiben, wie sie sind?** Da wage ich keine Prognose, sehe aber, dass die Einzelhandelsformen der Moderne betroffen sind. Die Warenhäuser von Georg Wertheim und Oskar Tietz waren die Antwort auf die Industrieproduktion zum Beispiel von AEG oder Siemens. Dieser Warenhaustyp wie das frühere Wertheim am Leipziger Platz existiert eigentlich nicht mehr, er wurde abgelöst von Shoppingcentern mit Parkhäusern. Das

KaDeWe bildet mit seinem jetzigen Ladenkonzept eine Ausnahme und ist eine Art Plädoyer für die Renaissance der traditionellen Stadt als Ort des Konsums und der zufälligen Begegnung.

**Sie sind für eine „Kritische Rekonstruktion" der historischen Mitte Berlin und deren Parzellierung für Zwecke des Wohnungsbaus. Viele Menschen wünschen sich aber gerade in diesen Monaten mehr und möglichst große, freie öffentliche Räume, gerade dort, wo viele Menschen zusammenkommen und verweilen können. Warum muss eine Verdichtung ausgerechnet der historischen Mitte Berlin sein? Wer braucht denn diese Erinnerung an die alte Stadtmitte noch und wofür?** Europäische Städte brauchen für ihre Identität gebaute Erinnerungen an Straßen, Plätze, Kirchen, Klöster, Rat- und Bürgerhäuser. Das gilt auch für die anderen europäischen Metropolen, nur für Berlin nicht. Unser Herkunftsort ist eine „Freifläche" mit Schlossbrunnen, Marx-Engels-Denkmal und freistehender Marienkirche. Die Mitte Berlins darf nicht nur aus dem Humboldt Forum und der Museumsinsel bestehen. Beide brauchen als Teile der Residenz zum Verständnis die (Doppel-) Stadt Berlin/Cölln aus dem Mittelalter. Der Senat, der 2020 für seinen Geburtsort einen Freiraumwettbewerb durchführte, ignoriert das vorhandene Wissen über die besondere Kultur des Umgangs mit den Zentren europäischer Städte. Die Mitte einer Stadt muss man natürlich mit ihren Erweiterungen auch ohne Architekturführer registrieren können und ohne ein eventuelles Schild der Grün GmbH: „Hier mündete für ein paar Jahrhunderte die Kleine Poststraße in die Heiligegeiststraße".

**Eine Stadt braucht doch einen Platz, wo sich Menschen versammeln können, wo sie zusammenkommen …** Richtig und besonders im Zentrum vor dem Rathaus. Auch Berlin hatte im Zentrum Markt- und Kirchenplätze und einen vergleichsweise bescheidenen Rathausplatz. Der neue müsste nicht so groß sein wie der in meiner Heimatstadt Lübeck oder in Hamburg oder München. Entscheidend ist die Platzbebauung, damit man seine Dimensionen wahrnimmt. Dazu braucht es politische Vorgaben für Städtebauer und nicht für Gartenarchitekten. Aber der Senat mit einem ‚Regierenden' von der SPD an der Spitze und dem linken Stadtentwicklungssenator und einer grünen Verkehrssenatorin will offensichtlich keinen Rathausplatz oder eine Rekonstruktion des Neuen Marktes, sondern einen Freiraum mit Schlossbrunnen.

**Was wären aus Ihrer Sicht taugliche und probate Mittel, Platz für jene zu schaffen, die nach dem Abklingen der Pandemie wieder nach Berlin ziehen wollen. Berlin wächst, ob man will oder nicht. Wie sollte, wie kann das Wachstum gesteuert werden?** Immer wieder dieses Mantra „Berlin wächst". Seitdem die Mauer gefallen ist, gehört das zum Wunschdenken und von der Landespolitik wurden Utopien gezeichnet. 1991 wurden fünf Millionen kurzfristig erwartet. 1939 hatten wir schon mehr Einwohner als 80 Jahre später.

**Das waren aber keine schönen Wohnverhältnisse und auch sonst keine schönen Verhältnisse!** Wohl wahr, wir wurden zum Glück von der NS-Diktatur befreit und wohnen auch nicht mehr in dunklen, engen Mietskasernen, sondern im Durchschnitt auf über vierzig Quadratmeter technisch gut ausgestatteter Wohnfläche. Dazu kommt ein gut ausgebautes öffentliches Verkehrssystem. Seit den sechziger Jahren gibt es Stadtautobahnen und neuerdings werden sogar Radwege geplant. Was stagniert, ist die Zahl der Einwohner, allerdings bei steigender Zahl sehr kleiner Haushalte. In derselben Zeit sind die Einwohnerzahlen großer Metropolen dramatisch gestiegen. Wir klagen also auf höchstem Niveau.

**Viele junge Familien wissen aber in der Stadt nicht, wohin mit sich, und wandern ins Umland ab. Sicher sind vier Millionen noch nicht erreicht. Aber dass hier Zuzug stattfindet, lässt sich nicht in Abrede stellen. Was ist Ihr Mittel gegen hohe Miet- und Quadratmeterpreise beim Wohnungseigentum?** Das, was man zu Friedrich-Engels-Zeiten die „Wohnungsfrage" nannte, lösen wir sicher nicht im historischen Zentrum. Dort müssten wir zuerst die Frage unserer Identität behandeln, das heißt für mich, etwas mehr von der fast 800-jährigen Geschichte erfahrbar machen. Ich meine im Stadtgrundriss und im Maßstab der Bebauung nicht etwa als Rekonstruktion so wie in Frankfurt am Main. Aber Berlin existierte auch schon vor der Gründung der DDR. Deswegen gehört zur Identität auch das Sichtbarmachen von Verlusten und Zerstörungen. Ich kann mir zugutehalten, mit diesem Thema, bezogen auf die Innenstadt, im Jahr 2000 den deutschen Beitrag zur Architekturbiennale Venedig geliefert zu haben. Die Physiognomie Berlins zwischen 1940 und 2010 war bekanntlich die Grundlage für das vom Senat beschlossene ‚Planwerk Innenstadt'. In Venedig wurde auch die Kommunalisierung des Bodens als Voraussetzung für neue Nutzungen gezeigt. Die Berliner Gesellschaft ist heute aber hochdifferenziert und es gibt deshalb auch schon lange nicht nur eine „Lösung" für irgendeine standarisierte Wohnungsnachfrage. Natürlich muss sie bezahlbar sein.

**Geht die Diskussion in Berlin nicht gerade in diese Richtung?** Ja, ich denke manches Mal tatsächlich, wir würden immer noch in den sechziger Jahren leben. Die „Wohnungsfrage" stellt sich heute aber nicht nur dem Industriearbeiter, sondern den Dienstleistern aller Branchen, den Studierenden, Erziehern, Kulturschaffenden, etc. Die Arbeitswelt hat sich gerade in Berlin dramatisch verändert, die Haushalte sind kleiner geworden, die Rolle der Frau hat sich verändert. Die erste Voraussetzung für eine erfolgreiche Politik besteht darin, die neue städtische Bevölkerung in ihren sozialen Strukturen und Ansprüchen zur Kenntnis zu nehmen. Schnell würde man feststellen, dass es weder eine Antwort auf die Wohnungsfrage gibt noch eine zum Haus- und Siedlungstyp. Dafür differenzierte Antworten zu finden, war Senatspolitik nach dem Mauerfall. Es wurden neue Vor- und Wissenschaftsstädte unterschiedlichster Strukturen, Dichten und Lagen wie zum Beispiel Karow oder Adlershof geplant. Hinzu kamen ein riesiges Programm erhaltender Stadterneuerung und parallel dazu das sehr umstrittene Reurbanisierungsprogramm mit 20 Prozent Wohnanteil für private Innenstadtprojekte und die städtebaulichen Ergänzungen der Großsiedlungen. Ein relativ erfolgreiches Projektbündel differenzierter Antworten für sich rasch verändernde Bevölkerungsstrukturen in unterschiedlichsten Stadtzusammenhängen. In jedem Fall keine vor allem Baugenehmigungen zählende Vorgehensweise.

**Also müsste dieses Modell nur weitergedacht werden?** Im Prinzip ja, in jedem Fall braucht man heute mehr denn je ein differenziertes Angebot. In keinem Fall sollte man es sich erlauben, in Strukturen und Technologien des Siedlungsbaus zu denken, also eine Art Neuauflage der Vorfertigung – nur dieses Mal eben in Holzbauweise. Zudem wird heute über das Thema Wohnungsbau geredet, als wäre Wohnungseigentum auf der Etage ein Übel. Für den Traum vieler Bürger vom Einfamilienhaus gilt das natürlich erst recht. Als wenn alle in einer „Wohnmaschine" wohnen wollten! Es gibt eine beschreibbare Zahl von Berlinern, die in Townhouses oder Doppelhäusern oder sogar in Einfamilienhäusern wohnen wollen. Warum gibt es kein Angebot für das Bauen in verdichteten Strukturen? Ich denke, die Leute, die Berlin verlassen, träumen ja nicht von Le Corbusiers „Wohnmaschine", von der Rathauspassage in Mitte oder von der Autobahnüberbauung in Wilmersdorf, sondern von einer Wohnung mit Terrasse.

**Im Winterfeld-Kiez soll ein Wohnblock entstehen. Geplant ist in sogenannter Blockrandbebauung ein Ensemble aus sieben Gebäuden mit sechs Vollgeschossen und einem Staffelgeschoss. 225 Wohnungen sollen entstehen sowie acht Gewerbeeinheiten. Das bezirkliche Bauamt hält es in seinen Ausmaßen für nicht genehmigungsfähig und erteilte keine Baugenehmigung. Es bemängelte die „monotonen, lang gestreckten Fassaden", die sich in der Elßholzstraße und der Gleditschstraße über 78 Meter entlangziehen würden, in der Pallasstraße über 74 Meter. Sie kritisieren „Wohnmaschinen" in Blockform. Wie könnte hier ein Kompromiss aussehen?** Einspruch! Wohnmaschinen treten als freistehende Objekte und eben nicht als großes Haus im Block-

rand auf. Wenn Sie den Unterschied sehen wollen, gehen Sie ein paar Schritte weiter zum quer über die Straße gelegten „Sozialpalast". 1977 war das Nichteinfügen städtebauliches Senatsprogramm. Die Baugenehmigung der Häuser im Winterfeld-Kiez soll auf der Grundlage des Baulückenparagrafen 34 erfolgen, das heißt der Neubau muss sich „einfügen". Ob das der Fall ist, lässt sich mit einem Blick auf die Nachbarbebauung leicht feststellen. Wenn die Häuser sich nicht „einfügen", also zu hoch sind, müssen sie entsprechend niedriger beantragt werden. Anders ist das bei der Fassade. Wenn die dem Bezirk nicht gefällt, muss er einen Bebauungsplan aufstellen und dabei seinen Vorstellungen entsprechende Regelungen treffen. Das hat der Bezirk aber nicht gemacht und damit auf seine Einflussmöglichkeiten verzichtet, will sie aber trotzdem durchsetzen und verzögert ein Wohnungsbauvorhaben. Der planungspolitische Fehler liegt also beim Bezirk und nicht bei dem Architekten oder Investor. Ich hätte mir vom Investor eine stärkere Betonung der Individualität der sieben Häuser gewünscht.
**Wir erleben eine sehr ideologisch geprägte Stadtdebatte mit Gut und Böse – auf der einen Seite die Enteigner, die Vergesellschafter, die Gemeinnützigmacher, auf der anderen Seite die Projektentwickler, Investoren, Spekulanten. Lassen wir einmal offen, wer gut, wer böse ist. Warum fällt es Berlin so schwer, unterschiedliche Interessen so zu versöhnen, dass das Gemeinwesen einen Nutzen davon hat?** Das hat mit unserer besonderen politischen Biografie zu tun. Auf die Befreiung von der NS-Diktatur folgte die besondere Topografie der Teilung Berlins mit dem Wettlauf der politischen Systeme als Kalter Krieg, bei dem in Ost und West wenig Rücksicht genommen wurde auf Eigentumsverhältnisse. Nur unter diesen Bedingungen konnten die Gründungsorte und das Schloss und die Bauakademie für das Staatszentrum der DDR abgerissen werden.

West-Berlin hat bekanntlich ähnlich radikal geplant. Hans Scharoun wollte Ganz-Berlin abreißen für eine Stadtlandschaft mit Autobahnen und Schnellstraßen. „Die Stadt von Morgen" sollte möglichst wenig zu tun haben mit der politisch belasteten „Stadt von Gestern". Bodeneigentum spielte dabei in beiden Teilen der Stadt kaum eine Rolle. Beispiele dafür finden sich nicht nur in den Berliner Altstädten, sondern auch im Kulturforum oder im Hansaviertel. Wer in einem solchen Umfeld aufwächst und arbeitet, kennt vor allem öffentliches (West-) oder sozialistisches (Ost-)Eigentum. Privates Hauseigentum gilt allenfalls als Überbleibsel aus einer früheren Zeit.

*Dieses Interview von Reinhard Bünger mit Hans Stimmann erschien unter dem Titel „Immer muss es gleich die ‚Stadt von morgen' sein" am 19. April 2021 im* Tagesspiegel.

# Bürgerforum, adieu

## Was geschieht mit dem „Band des Bundes“?

Berlin ist die Stadt der überall präsenten Brüche, die Kriegszerstörungen und halbfertiggestellte Planungsversprechen in der politisch getrennten Stadt hinterlassen haben. Ein besonderes Schlachtfeld bietet dabei die Innenstadt mit ihren autogerechten Stadtlandschaftsfragmenten westlich und den architektonischen Demonstrationen der politischen Macht der SED östlich der Mauer. Dazu gehören zwei Orte, bei denen einem Besucher ohne Kenntnis der lokalen Geschichte das Wort „Forum“ im Sinne seiner ursprünglichen Bedeutung als Hauptplatz als Letztes einfiele. Die Rede ist vom Marx-Engels-Forum, das die DDR-Diktatur anstelle der Berliner Altstadt zwischen Spree und St. Marien geplant und gebaut hat, und das Kulturforum als kulturpolitische und architektonische Antwort des demokratischen Westens auf den Mauerbau und die damit verbundene Abtrennung der Bibliotheken, Museen, Opern und Konzerthäuser in der alten Stadtmitte durch die Nutzer in den Westsektoren. Beide Foren sind nicht nur Dokumente des Kalten Krieges, sondern auch knapp drei Jahrzehnte nach dem Fall der Mauer trotz ihrer zentralen Lage Beispiele dafür, welche Leere politisch begründete Planungsversprechen im Körper der Stadt hinterlassen können, wenn man sie als Planungsruinen länger als die Dauer der Trennung liegen lässt. Den politisch unterschiedlich zusammengesetzten Regierungen Berlins ist es bis heute nicht gelungen, dies ein der politischen Teilung begründeten Forumsfragmente zu selbstverständlichen Teilen des wiedervereinigten Stadtganzen zu machen.

Und nicht nur das ist zu beklagen, denn je länger die Entstehungszeit der gebauten Trennungsfragmente zurückliegt, desto mehr verstärken sich die politischen Tendenzen, sie als Dokumente der Erinnerung an die gewaltsam geteilte Stadt zu bewahren und sie in dieser Form unter Denkmalschutz zu stellen. Zu der berlintypischen Besonderheit zählt aber, dass sich nach dem Fall der Mauer im Schatten dieses nicht eingelösten politisch-planerischen Versprechens kommerzielle Orte der Begegnung und des Konsums in der Form riesiger Shoppingmalls etabliert haben. Nun sollte man die bedeutende Rolle des Konsums als Teil der wiedergewonnenen innerstädtischen Urbanität nicht in Frage stellen, aber den Bürgern und Besuchern mit attraktiven öffentlichen Plätzen oder Foren Angebote zur Begegnung und zum Dialog ohne Konsumzwang machen. Genau diese Mischung ist ein Wesensmerkmal europäischer Stadtkultur.

Um den hochgesteckten Ansprüchen zu genügen, wurde unmittelbar nach dem Hauptstadtbeschluss im März 1992 ein internationaler städtebaulicher Ideenwettbewerb für ein Parlaments-und Regierungs-Viertel im Spreebogen mit 835 Teilnehmern durchgeführt. Zur Jurygehörten renommierte Architekten aus beiden Teilen Deutschlands und aus Helsinki, Kopenhagen, Helsinki, Krakau, London, Mailand, New York und Wien. Fachpreisrichter bildeten die Spitzen von Parlament und Regierung der Bundesrepublik sowie der Berliner Regierende Bürgermeister, zwei seiner fachlich zuständigen Senatoren, der Bezirksbürgermeister und auch der Autor dieses Artikels als Senatsbaudirektor. Die Jury hat sich die Entscheidung nach ausführlichen Debatten in zwei langen Sitzungen nicht einfach gemacht.

## Bürgerforum als symbolischer und praktischer Ort

Am 18. Februar 1993 zeichnete die Jury den Entwurf von Axel Schultes und Charlotte Frank mit dem ersten Preis aus. Ihre zentrale konzeptionelle Idee war der Bau eines Band des Bundes durch die Flusslandschaft der Spree. Damit sollte eine symbolische und städtebauliche Verbindung zwischen dem Osten und Westen der bis 1989 geteilten Stadt geschaffen werden. Das Konzept bezog die wenigen erhaltenen Bauten des Alsenviertels (etwa die Schweizer Botschaft), aber auch die Kongresshalle mit ein und gab dem Ganzen eine städtebauliche Form, die mit ihrer Radikalität gleichzeitig die Erinnerung an die NS-Speer-Achse auslöschte und bewahrte. Zugleich siegte mit dem Bandmotiv ein Entwurf, der ausdrücklich eine Darstellung der staatlichen Gewaltenteilung zwischen Parlament und Regierung sowie ein öffentliches Bürgerforum zum Gegenstand hatte. Dieses Bürgerforum bildete konzeptionell und städtebaulich das Herzstück des durch zwei vierreihige Alleen architektonisch gefassten Raumes. Die 1,5 Kilometer langen Alleen sollten ganz im Sinne von Lenné die Entwurfsidee erlebbar machen. Sie endeten daher nicht wie königliche Schlossalleen im Kanzleramt oder im Gegenüber des Parlamentsgebäudes, sondern tangierten – wie eine städtische Allee – diese zentralen Bauten demokratischer Herrschaft. Das Zentrum des Entwurfs bildete daher das Bürgerforum als Ort, an dem sich im doppelten Sinne, symbolisch und praktisch, Politik und Bürger begegnen sollten. Axel Schultes und Charlotte Frank haben es für deutsche Verhältnisse vielleicht etwas zu pathetisch „campopolitico" genannt.

Dieser symbolische Ort für Begegnungen und vielleicht auch für Proteste sollte natürlich verkehrsfrei gehalten werden. Um das im Zeitalter der andauernden Automobilität zu gewährleisten, wurde für den Nord-Süd-Autoverkehr der Tiergartentunnel als eine Art unterirdische Westtangente gebaut. Dazu kamen die unterirdische Nord-Süd-Bahn sowie eine U-Bahn, die das Parlaments-und Regierungsviertel mit der Stadt verkehrlich verbindet. Nur weil der Autotunnel nicht rechtzeitig fertig wurde, haben sich der Bund und der Senat auf die provisorische Anlage einer oberirdischen Nord-Süd-Straße verständigt. Sie wird bis heute intensiv genutzt und soll nun sogar durch einen rot-rot-grün gefärbten Senat mit einem Bebauungsplan dauerhaft rechtlich gesichert werden. Irgendwie typisch für die aktuelle Situation, in der viel von Nachhaltigkeit geredet wird, aber Straßen gebaut werden. Wenn es nicht so deprimierend wäre, könnte man diese von der Bundesregierung offensichtlich mitgetragene Entscheidung als originelle Erweiterung der Koalitionsvereinbarung, die die SPD, Linke und die Grünen 2016 geschlossen haben, sehen. Dort heißt es unter der Überschrift „Erinnerungskultur erlebbar machen“: „Die Koalition will zum kritischen Nachdenken anregen und die Erinnerung aufrechterhalten an die Zeit des Nationalsozialismus, an die Geschichte des geteilten Berlins während des Kalten Krieges.“ Die das Bürgerforum durchschneidende Asphaltspur erinnert in der Tat schmerzlich an den hier 1939 geplanten Endpunkt der Nord-Süd-Achse von Speer oder an die hier schon vor dem Mauerbau seit 1957 in Hochlage geplante Stadtautobahn Westtangente.

## Überforderter Koalitionssenat

Aber dem Berliner Senat und der Bundesregierung geht es nicht um solche Erinnerungskultur. Bund und Land wollen die Erinnerung an ihre politischen Absichten zur Anlage eines Ortes der Begegnung zwischen Politik und Gesellschaft vergessen machen, indem sie ausgerechnet hier dem Autoverkehr mit oder ohne blaue Plakette freie Bahn schafft und somit die nie ernsthaft bearbeitete Aufgabe zur Anlage eines Bürgerforums im Parlaments- und Regierungsviertel an die lokale Berliner Verkehrspolitik zurückgibt. Der schon mit dem zentralen Order Stadt Berlin überforderte Koalitionssenat bricht hier sein Versprechen, dass „die provisorische Straße durch das Parlaments- und Regierungsviertel" zugunsten „einer Fuß-und Radwegeverbindung" zurückgebaut werden soll.

Man mag bei Bund und Land die Idee eines Bürgerforums als räumliches Zentrum im Band des Bundes nach einem Vierteljahrhundert zur Verringerung der Distanz zwischen Politik und Gesellschaft nicht mehr für angemessen halten. Wenn das so sein sollte, gehörte aber doch der Mut dazu, sich von den politischen Ideen des Jahres 1992 zu verabschieden und daraus auch städtebauliche Konsequenzen für das Band des Bundes zu ziehen. Ich plädiere dafür, endlich zu versuchen, die Idee eines Forums mit einem aktuellen Programm zu konkretisieren, um ihr dann eine architektonische Form zu geben.

Der mit den Ansprüchen des Autoverkehrs begründete Bau einer Straße anstelle des Forums ist ein erbärmlicher, für Berlin aber typischer Umgang mit großen städtebaulichen Ideen. Die Form des klammheimlichen Abschieds vom Band des Bundes mit einem B-Plan für eine Straße, als handele es sich um ein ex-beliebige Erschließungsmaßnahme eines Gewerbegebietes am Stadtrand, ist nicht nur planungsrechtlich bedenklich, sondern markiert einen Tiefpunkt der kulturstädtebaulichen Planens.

*„Ein wenig wie bei Albert Speer. Bürgerforum, adieu: Berlins rot-rot-grüner Senat verwandelt das ‚Band des Bundes' in eine monotone Asphaltwüste" – unter dieser Überschrift erschien Hans Stimmanns Text in der* Frankfurter Allgemeinen Zeitung, *18. Juni 2018.*

## Friedrichswerdersche Kirche

# Einstürzende Altbauten

In Berlin wird viel gebaut: Hotels, Büros, Museumsbauten und zum Glück für die wachsende Stadt sogar in der Innenstadt auch wieder Wohnungen. Im Zentrum der öffentlichen Aufmerksamkeit – und der Kritik – steht jedoch nicht deren Architektur, sondern das Thema bezahlbarer Wohnungen. Unter dem Druck der steigenden Zuwanderung von Flüchtlingen ist darüber hinaus eine Debatte über Standorte und Bautechnologie für das nach dem Fall der Mauer größte Wohnungsbauprogramm für Flüchtlinge entbrannt. Für die im Schatten dieser Debatte entstehenden privat finanzierten Wohnungen hat sich bei den Kritikern oft auch wegen der Standorte der Baumaßnahme das Wort von den unerwünschten, weil „unbezahlbaren" Luxuswohnungen eingebürgert. Obwohl seit Jahrzehnten von Politikern und Planern ersehnt, sind solche Wohnungsbauten gerade in der Innenstadt auch bei Architekturkritikern oft zu Kennzeichen einer unerwünschten Verdichtung bei gleichzeitiger Gentrifizierung geworden.

Der Ort, an dem sich diese Kritik exemplarisch bündelt, ist seit Mitte der neunziger Jahre die von den DDR-Planern für Staatsbauten, Aufmarschplätze und Autoschneisen frei geräumte Altstadt zwischen Fernsehturm, Marienkirche und Friedrichswerderscher

Kirche. Während um eine mögliche Bebauung mit Wohnhäusern auf historischem oder neuem Stadtgrundriss zwischen Rathaus und Marienkirche bis heute heftig gestritten wird, hat der Senat schon 1999 beschlossen, das Areal am Friedrichswerder zwischen Kronprinzenpalais und Spittelmarkt samt der im Mittelpunkt der Aufmerksamkeit stehenden Kirche von Schinkel mit „Stadthäusern verschiedener Wohnformen" zu bebauen.

## Townhouses sind nicht mehr wegzudenken

Im Unterschied zur Planung in der Friedrichstraße sollte hier nicht das Geschäftsviertel der Vorkriegszeit wiederauferstehen, sondern „für ein möglichst breites Spektrum von potentiellen Bewohnern attraktives Wohneigentum entstehen" (Senator Peter Strieder, SPD). Als wesentliches Element für den Erfolg wurden die Bildung kleiner Grundstücke und ihre Vermarktung durch die städtische Liegenschaftsgesellschaft angesehen. Auf Grundlage dieses Konzepts wurde dann der südlich des Werderschen Marktes gelegene Teil unter anderem mit sechs Meter breiten bürgerlichen Stadthäusern bebaut.

Inzwischen ist dieses östlich der Oberwallstraße gelegene Quartier aus dem Alltag der Innenstadt nicht mehr wegzudenken. Die dem Zeitgeist entsprechend „Townhouses" genannten Wohnhäuser sind im Kontrast zur endlosen Fassade des Außenministeriums inzwischen zum beliebten Fotomotiv und zugleich zum architektonischen Vorbild ähnlicher Stadthausprojekte in Berlin geworden. Damit wurden auch zuvor nicht vorstellbare Potentiale für einen neuen Typ Bauherren (Baugruppen) mit individuellen Architekturvorstellungen für kleine Grundstücke und Baulücken der Innenstadt sichtbar. Voraussetzung für die Aktivierung solcher Potentiale ist allerdings, dass die öffentliche Hand kleinen Bauherren kostengünstige landes- oder bundeseigene Grundstücke zur Verfügung stellt. Nach dem erfolgreichen Probelauf auf dem südlichen

Teil des Friedrichswerder hätte man daher eine Fortsetzung dieser Form von Grundstückspolitik auf den Arealen rund um die Friedrichswerdersche Kirche erwartet.

Diese Erwartung wurde jedoch enttäuscht. Zwar wurde im November 2000 für die landeseigenen Flächen westlich der Kirche ein Bieterverfahren durchgeführt, das eine Arbeitsgemeinschaft eines Architekten zusammen mit einem Projektentwickler für sich entscheiden konnte. Ihrem Angebot entsprechend sollten neun Einzelhäuser entstehen, deren Maßstab sich an der letzten historischen Bebauung orientieren. Auf Grundlage des architektonischen Konzeptes erfolgte dann durch den Senat die Aufstellung des Bebauungsplans, der aber erst nach sagenhaften elf Jahren – am 20. Dezember 2011 – zur Festsetzung gebracht wurde. In diesen Jahren wechselten die beteiligten Architekten, der Investor und das Konzept.

Die Bauwert Investment Group GmbH & Co. KG, die das Quartier nun unter dem Namen „Kronprinzengärten" vermarktet, will hier „höchste Wohnansprüche perfekt mit der Exklusivität einer einzigartigen Lage verschmelzen". Realisiert werden hier nicht auf vielen kleinen, sondern auf einem Grundstück über einer zweigeschossigen Tiefgarage elf unterschiedlich breite Stadthäuser. Der Unterschied zu einer Bebauung durch einzelne Bauherren wird besonders gut durch die zusammenhängende Tiefgarage sichtbar. Ihr Bau hat bekanntlich die Bauschäden an der Friedrichswerderschen Kirche verursacht.

Ein ähnlicher Dreischritt vom einem Konzept mit vielen Einzelgrundstücken über den B-Plan bis zur Vergabe an zwei Projektentwickler vollzog sich ab 2005 auf dem Areal westlich vom Schinkelplatz. Am Anfang stand ein Bebauungs- und Parzellierungsvorschlag, den Klaus Theo Brenner mit sieben selbständigen Parzellen, zwei Eckparzellen und fünf durchgesteckten Parzellen entworfen hatte. Dabei sollte die Bebauung der durchgesteckten Parzellen mit zwei unterschiedlichen Gebäudetypen erfolgen – mit acht Meter breiten Townhouses zur Niederlagstraße und sechzehn Meter breiten sogenannten Einspännern zum Schinkelplatz. Damit bildeten drei Häuser pro Parzelle eine Einheit mit der Möglichkeit zum Bau einer eingeschossigen Tiefgarage.

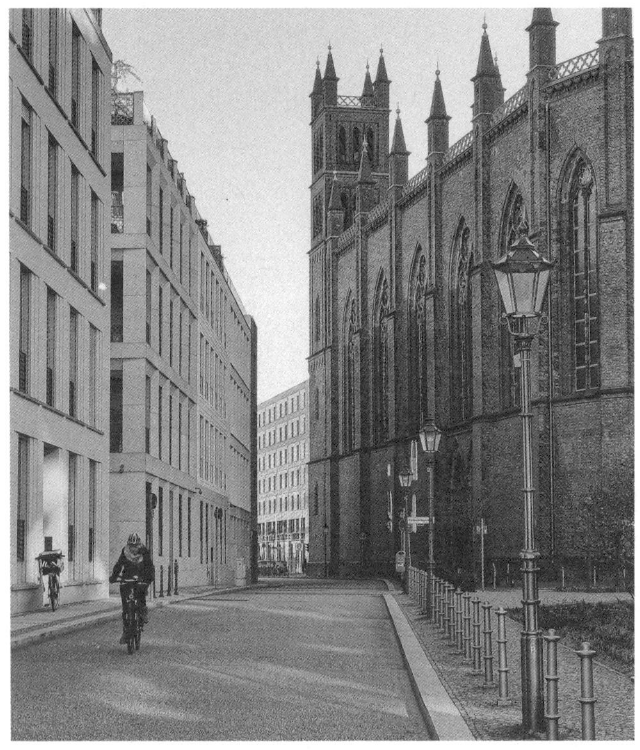

Die Friedrichswerdersche Kirche, entworfen von Karl Friedrich Schinkel, heute Museum für die Skulpturen des 19. Jahrhunderts der Nationalgalerie

Die Fassaden sollten symmetrisch aufgebaut und die Dächer als flaches Walmdach ausgeführt werden. Hinter der von Thomas van den Valentyn wiederaufgebauten Kommandantur für die Bertelsmann-Stiftung sollte so auf dem Friedrichswerder zusammen mit der noch zu rekonstruierenden Schinkelschen Bauakademie nach und nach ein kleinteilig bebautes, gemischt genutztes Quartier mit überwiegend selbstgenutzter Wohnbebauung entstehen. Das Besondere und, wenn man so will, der Luxus dieses Konzepts bestand darin, in dieser Lage Wohnungen und nicht Büronutzung zu planen. Hierfür wurde der B-Plan I-208 aufgestellt und am 3. Juli 2006 festgesetzt.

In den B-Plan wurden nicht nur die Gestaltungsansprüche für die Fassaden, sondern etwa auch die Sichtbarmachung der Parzellierung in Form von vertikalen Fugen im Abstand von acht beziehungsweise sechzehn Metern aufgenommen. Die große Sorgfalt der Bebauungsplanung fand jedoch keine Fortsetzung bei der Vergabe der Grundstücke. Sie erfolgte durch die Bundesanstalt für Immobilienaufgaben mit Zustimmung des Berliner Senats nicht haus-, sondern blockweise an zwei Projektentwickler. So reduzierte sich im nächsten Schritt die Zahl der Häuser von siebzehn auf sechs und die der Bauherren von sieben auf zwei.

Stadtentwicklungspolitisch ist dieser Wechsel von Einzelbauherren oder Baugruppen auf Projektentwickler bei innerstädtischen Bauprojekten auf landes- beziehungsweise bundeseigenen Grundstücken ein Rückfall in die Boomjahre der frühen Neunziger. Dafür steht exemplarisch die blockweise Bebauung der Friedrichstraße. Diese Form der Vergabe an Projektentwickler zu Höchstpreisen ist das glatte Gegenteil der 1999 vom Senat angekündigten Reform der Liegenschaftspolitik zugunsten privater Einzeleigentümer.

So wurden aus dem Programm für „Wohneigentum selbstnutzender Eigentümer“ drei Eigentumswohnanlagen im obersten Marktsegment, die entsprechend aufwendig vermarktet werden müssen. Die provokante Vermarktung eines luxuriösen Lebensstils in Verbindung mit den durch den Bau zweigeschossiger Tiefgaragen ausgelösten Bauschäden an der Friedrichswerderschen Kirche hat nun den auch schon früher vorhandenen grundsätzlichen Bedenken gegen eine Reurbanisierung des Quartiers am Werderschen Markt neue Nahrung gegeben.

Obwohl sie im Planungsprozess ordentlich beteiligt waren, sind sich nun vom Präsidenten der Stiftung Preußischer Kulturbesitz über die Vertreter der Kirche, diverser Fachverbände, aber auch die zahlreichen Kritiker alle einig. Es sei „nicht nachvollziehbar“, so Stiftungspräsident Hermann Parzinger, dass Schinkels Friedrichswerdersche Kirche „regelrecht zugebaut wird“, noch dazu mit „Wohnklötzen der oberen Luxusklasse“ in Form „historisierender Protzbauten“. Schuld ist der B-Plan, der wiederum auf das „mythologische Ungeheuer namens Planwerk Innenstadt“ zurückzuführen sei, wie es in der *Zeit* hieß.

So richtig der Verweis auf das 1999 vom Senat beschlossene Planwerk Innenstadt ist, so wenig ist es die Ursache für den Bau von Wohnungen einer weit über zehntausend Euro pro Quadratmeter liegenden Preiskategorie und noch weniger für die Schäden an der Friedrichswerderschen Kirche. Man mag aus politischen Gründen etwas gegen Wohneigentum für Wohlhabende samt dem heute üblichen Bau von Tiefgaragen haben – mit Bebauungsplänen lässt es sich nur begrenzt verhindern.

Die einzig mögliche Maßnahme gegen Luxuswohnungen wäre eine Grundstückspolitik, die bundes- und landeseigene Grundstücke kleinteilig und nicht zu Höchstpreisen an Projektentwickler, sondern an Bauherren oder Bauherrengruppen als Eigennutzer verkauft. Eine solche Forderung nach einer geänderten Bodenpolitik gerät aber nur ausnahmsweise in den Blickpunkt der Kritik. Genau dies müsste aber bei der kritischen Auseinandersetzung mit der Bebauung am Werderschen Markt im Zentrum stehen. Eine architektonisch bescheidener auftretende kleinteilige Bebauung hätte sich ziemlich sicher mit der im Konzept von 2005 auch vorgesehenen eingeschossigen Tiefgarage begnügt. Damit wären die Schäden an der Kirche nicht aufgetreten.

*Die* Frankfurter Allgemeine Zeitung *veröffentlichte am 3. April 2016 Hans Stimmanns Text mit der Überschrift „Friedrichswerdersche Kirche: Einstürzende Altbauten“.*

# Stellt endlich die Bodenfrage!

## Warum wir keine Städte mehr bauen können

Wenn in diesen Tagen in Berlin die Rede auf Themen der Stadtentwicklung kommt, geht es selten um Städtebau und Architektur. Räsoniert wird über die kostspielige Dauerbaustelle BER, über das politische Dauerversprechen zum Bau von mehr Wohnungen zu „bezahlbaren Mieten" (früher hieß das sozialer Wohnungsbau), über den Bau von Radwegen, mehr Bürgerbeteiligung, Sanierung der Schultoiletten, die Einheitswippe und neuerdings über einen rot-rot-grünen Hochhausverhinderungsplan. Solche Themen stehen auf der Tagesordnung des Senats, der Parteien, Medien, Akademien und Fachverbände. Richtig kontrovers geht es bei keinem Thema zu. Alle sind sich irgendwie einig.

Es muss mehr, billiger und schneller, dichter, höher, ökologischer und im Dialog mit den Bürgern gebaut werden. Architektur ist so wieder einmal zum ortlosen Versprechen einer besseren Zukunft geronnen. Wie dramatisch sich die Rollen von Städtebau und Architektur als Leitmedium gesellschaftlichen Fortschritts hin zum pragmatischen Funktionalismus gewandelt haben, zeigt ein kurzer Blick zurück auf die Wendejahre.

Nach dem Scheitern des Sozialismus und seiner Vorstellungen von der Lösung der Wohnungsfrage mit Plattenbauten ging es auf dem Sektor Städtebau und Architektur bei allen Entscheidungen um Grundsätzliches, um das zukünftige Bild besonders der Innenstadt einer offenen postindustriellen Gesellschaft. Über die Frage, nach welchem Leitbild und mit welcher Architektur in der neuen Hauptstadt Berlin gebaut werden sollte und welche Rolle dabei die verschiedenen Phasen der Geschichte spielen sollten, tobten Glaubenskämpfe.

Ein Blick auf die Berliner Stadterweiterungspläne der letzten zehn Jahre – etwa für das Tempelhofer Feld, die Nachnutzung von Tegel oder die Neubebauung der ehemaligen Güterbahnhofareale – zeigt, dass man keine neuen Siedlungen, sondern wieder Stadt bauen will, drei- bis fünfgeschossig, sozial gemischt, in ökologischer Bauweise, mit hohen Erdgeschossen für Geschäfte und Restaurants, an baumbestandenen breiten Straßen. Aber woran liegt es, dass es bisher, trotz bester Absicht, dennoch nicht gelungen ist und wohl auch nicht gelingen wird, an gründerzeitliche Stadtqualitäten anzuknüpfen, und dass stattdessen immer wieder nur Siedlungen im Stadtkleid entstehen?

Es liegt nicht an der Architektur, nicht am Sondermüll der wärmegedämmten Fassaden, nicht an der fehlenden Dichte oder der Nutzungsmischung (Wohnanteil) und schon gar nicht am Planungsrecht oder der Bürgerbeteiligung – sondern vor allem am Umgang mit der Bodenfrage und der daraus folgenden Art der Stadtproduktion. Ich will das am Beispiel der unterschiedlichen Vorgehensweise der gründerzeitlichen Terraingesellschaften und der heutigen privaten oder städtischen Projektentwickler erläutern. Die neuen innenstadtnahen Quartiere entstanden damals durch private Terraingesellschaften. Auch sie trieben ihre Projekte mit dem Ziel voran, Gewinn zu erwirtschaften. Als Erstes kauften sie unbebaute Flächen, beauftragten einen Bauingenieur mit dem Entwurf eines Straßennetzes mit unterschiedlich repräsentativen Straßenprofilen und entsprechenden Baumpflanzungen, dazu Schmuckplätzen und, als Vorgabe für den Hausbau, Vorgärten.

Die so auf dem Papier entstandenen, relativ schmalen Blöcke wurden dann für einen von der Terraingesellschaft festgelegten Haustyp parzelliert. Anschließend bauten sie die Straßen und verkauften die baufertigen Grundstücke an Bauunternehmer oder andere private Bauherren, die ihrerseits mit einem Architekten die Häuser errichteten, um sie selbst zu bewohnen oder zu vermieten. Die Rolle der Gemeinde beschränkte sich auf die Kontrolle der Einhaltung der aktuellen Bauordnung, die Architekten konzentrierten sich auf den Bau der Häuser. Diese Form der privaten Stadtproduktion – ohne Wettbewerbe, ohne B-Planverfahren, ohne Bürgerbeteiligung – ermöglichte ein Wachstum der Quartiere in der Zeit, mit Unterbrechungen durch wirtschaftliche Krisen und Konkurse einzelner Bauherren. Ihre Entstehung bedurfte der Mitwirkung zahlreicher Akteure, der Terraingesellschaften, Bauunternehmer, Banken, Architekten und der kommunalen Bauordnungsbehörden. Die so entstandenen Quartiere und Häuser bilden auch im 21. Jahrhundert den Maßstab, wenn es darum geht, städtische Qualitäten zu definieren.

Da dieses Vorbild aber rätselhafterweise von allem, was gebaut wird, unerreicht bleibt, stellt sich die Frage nach den Ursachen. Die Projektentwickler von heute gehen in Zusammenarbeit mit den Städten einen anderen Weg. Am Anfang steht natürlich der Erwerb unbebauter Flächen, die von der Gemeinde als Bauland vorgesehen sind. Auf der Grundlage von den im Flächennutzungsplan festgelegten Angaben zu „Art und Maß der Nutzung“ werden mit städtebaulichen Wettbewerben Baustrukturen, aber kein Stadtgrundriss für eine bestimmte Haustypologie entworfen. Anschließend folgen die Erarbeitung von Bebauungsplänen durch die Kommune und die Beauftragung von Architekten durch die Investoren. Sie lassen natürlich nicht einzelne Häuser, sondern einen oder mehrere Blöcke entwerfen. Im Rohzustand werden die geplanten Bauten verkauft oder vermietet. Den Abschluss bildet der Straßenbau. Die Kommunen und Projektentwickler von heute folgen damit der Logik der Wohnungsbauproduktion des nach dem Ersten Weltkrieg eingeführten sozialen Wohnungsbaus im Rahmen von Siedlungsbauprojekten auf kommunalisiertem Grund und Boden. Im Unterschied zu den gründerzeitlichen Terraingesellschaften konzentrieren sich die Projektentwickler von heute nicht auf den Handel mit Baugrundstücken, sondern auf den Verkauf oder die Vermietung von Wohn- oder Büroflächen. Was zählt, sind nicht Häuser, sondern Nutzungsarten und Flächenvorgaben.

Straßen heißen „Verkehrsflächen", Plätze „Fußgängerbereiche". Zur Planung und zum Bau gehören selbstverständlich die von Bundesgesetzen und den Bauordnungen der Länder vorgeschriebenen Standards des Energie- und Lärmschutzes, der Nachweis von Autostellplätzen und Ausgleichsflächen. Die Planung wird zuletzt als lokales Gesetz in einem Bebauungsplan mit einer ausführlichen Begründung festgesetzt. Auch dagegen wäre trotz der vielen zeitaufwendigen bürokratischen Regeln und Verfahren nichts einzuwenden, wenn wenigstens Quartiere mit schönen, von einzelnen Häusern gebildeten öffentlichen Räume entstünden. Aber genau das ist leider regelmäßig nicht der Fall. Gebaut werden trotz bester Absichten auch der entwerfenden Architekten am Ende doch „begehbare Anlagedepots" (Niklas Maak) in der Form von Siedlungen im Stadtkleid. Wer kann, zieht in gründerzeitliche Quartiere und treibt so die Gentrifizierung voran.

Beispielhaft lässt sich dieses Scheitern politischer und architektonischer Absichten am vierzig Hektar großen Quartier der „Europacity" nachvollziehen. Die Planung für das ehemalige Güterbahngelände begann 2006. Das Areal gehörte überwiegend der bahneigenen Vivico Real Estate und der DB AG. Anfang 2008 wurde zusammen mit dem Senat, dem die Straße gehörte, ein städtebaulicher Realisierungswettbewerb durchgeführt. Es sollte ein Quartier mit hohem Wohnanteil entstehen. Die Jury entschied sich für das Konzept der Kölner Architekten ASTOC und ihren Landschaftsplanern vom Studio Urban Catalyst. Sie planten östlich und westlich der verkehrsgerecht verbreiterten Bundesstraße 96 eine sechsgeschossige Bebauung mit durchschnittlich sechzig Meter tiefen, unterschiedlich langen Blöcken. Im Zentrum sollte, als Herzstück, ein kleiner Hafen stehen, zu dem großzügige Treppen abfallen. Hier sollten die Bewohner des neuen Viertels sich treffen. Zum Konzept gehörte auch die Idee, etwa zweihundert unterschiedliche Häuser zu bauen: schmale Townhouses, vierzig Meter lange Wohnzeilen und für gewerbliche Nutzungen Gebäude über die gesamte Breite der Blöcke von etwa sechzig Metern. Ausgangspunkt dieser Struktur aus zwanzig Blöcken waren die wenigen erhaltenen Bauten der Gründerzeit. Dieser Plan wurde aber nicht Grundlage für die Bildung und den Verkauf von Grundstücken und den Bau von Straßen. Er wurde für die Verwertung durch die bundeseigene Vivico planerisch angepasst.

Aus einem überzeugenden städtebaulichen Konzept wurde im Mai 2009 ein „Masterplan", der wie ein Flächennutzungsplan ohne Bezug zu der vorgeschlagenen Vielfalt der Haustypologien die Nutzungsschichten und Wohnanteile festlegte und dabei zusätzlich statt der durchgängigen sechs Geschosse drei „Hochpunkte" vorschlug. Dieser Schritt erfolgte in Absprache zwischen dem Plangeber und dem Grundstückseigentümer Vivico, der 2011 seine Grundstücke an die private Immobiliengesellschaft CA Immo verkaufte. Die auf gewerbliche Entwicklung spezialisierte Gesellschaft verkaufte nicht, wie planerisch vorgesehen, einzelne Grundstücke, sondern ganze Blöcke an nur zehn private Immobilienentwickler. Aus der ursprünglich geplanten Mischung von Wohn- und Geschäftshäusern im Block wurden so große Blöcke oder Hochhäuser, die dann von den im Wettbewerbsverfahren ausgewählten Architekten bebaut wurden oder noch werden. Den Abschluss bilden die gesetzlich vorgeschriebenen B-Pläne – in denen auf die ursprünglich vorgesehenen Blockteilungen und auch auf den Bau eines Stadthafens, den die Werbebroschüren noch als eigentliches „Herzstück“ und als soziales Zentrum des neuen Stadtviertels anpreisen, kurzerhand verzichtet wird.

Das Ergebnis dieses zehnjährigen Planungsprozesses ist so niederschmetternd wie bezeichnend für die offensichtlich beim Bund, Senat und Bezirk verlorengegangene Kompetenz, wenigstens auf eigenen Flächen wieder eine Form von Stadt zu bauen, die vielleicht den viel beschworenen Gründern des 21. Jahrhunderts eine Chance gäbe.

*„Stellt endlich die Bodenfrage!“ war der Artikel von Hans Stimmann überschrieben, den die* Frankfurter Allgemeine Zeitung *am 3. April 2017 veröffentlichte.*

## Schwer lesbare Stadtbrache

# Philharmonie – ein Wunderwerk im falschen Umfeld

50 Jahre sind für einen Bau in Berlin ein hohes Alter. Die Stadt entwirft sich in kurzen Abständen neu, wozu das gebaute Gestern beseitigt werden muss. Im Unterschied zu manchen Bauten Anfang der sechziger Jahre blieb der am 15. Oktober 1963 mit einer Sinfonie aus dem frühen 19. Jahrhundert eingeweihten Philharmonie von Hans Scharoun dieses Schicksal erspart. Anders als manche Gesamtschule oder Wohnmaschine dieser Aufbruchsjahre steigen Ansehen und Beliebtheit weiter. Die Philharmonie und die benachbarte Neue Nationalgalerie von Mies van der Rohe sind zweifellos zwei meisterhafte Architekturobjekte gegensätzlicher Architekturpositionen der Nachkriegsmoderne des geteilten Berlin.

Die Philharmonie ist überdies nicht nur ein Anker in der unübersichtlichen Stadtlandschaft, die sich Kulturforum nennt, sondern ein Jahrhundertbauwerk moderner Konzerthausarchitektur und Vorbild für zahlreiche neue Konzertstädte der letzten

Jahrzehnte. Das neueste Kind mit erkennbaren Anleihen bei der Architektur Scharouns samt seiner äußeren Anmutung einer ‚Stadtkrone' ist die bisher nur wegen der Kostenexplosion bekannt gewordene Hamburger Elbphilharmonie der Architekten Jacques Herzog und Pierre de Meuron.

Selbst wer hier nie ein Konzert erlebt hat, ahnt beim Anblick der markanten beschwingten Dachlandschaft, dass sich hinter der goldglänzenden Fassade wohl kein ‚klassischer' Konzertsaal verbirgt. Normal war bis zum Bau der Berliner Philharmonie ein rechteckiger Saal ggf. mit seitlichen Rängen und einer Orchesterbühne am Kopfende. Solche Säle für die Aufführung großer sinfonischer Musik hatten ihren Ursprung in der räumlichen Organisation von Schauspielhäusern. Auf der Bühne das Orchester, ihm gegenüber das Publikum. Nicht dass diese Anordnung und die rechteckige Saalform etwa schlecht wären – im Gegenteil –, die wegen ihrer überragenden Akustik berühmtesten Säle in der Welt, aber auch die alte Philharmonie in der Bernburger Straße sind bzw. waren so gebaut. Und auch der 1949 bis 1954 von Paul Baumgarten auf den alten Fundamenten errichtete Konzertsaal der Hochschule für Musik bediente sich dieser räumlichen Anordnung.

Dass die Musikrezeption auch klassischer sinfonischer Musik und natürlich erst recht die Musik des 20. Jahrhunderts und insbesondere die Jazzmusik inzwischen mehr denn je auch mit Sehen und mit der optischen Beziehung zwischen den Musikern und dem Publikum zu tun hat, lässt sich bei jedem Konzert in der Philharmonie beobachten. Scharoun rückte daher die Orchesterbühne zwar nicht in den Mittelpunkt des Saales, gab ihr aber eine der Mitte nahe Position. So entsteht im Konzertraum, aber auch im Foyer eine Art von Landschaft, die sich auch in dem zeltartig in langen Kurven zum Boden bewegendem Äußeren bis in die Gartenarchitektur von Hermann Matern fortsetzt. Die Architektur erinnert an die aufwühlende Sprache des Aufbruchs der jungen Generation unmittelbar vor und nach dem Ersten Weltkrieg mit Vorstellungen neuer Städte

# Schwarzpläne und Parzellenpläne.
Von Hans Stimmann und Tobias Nöfer

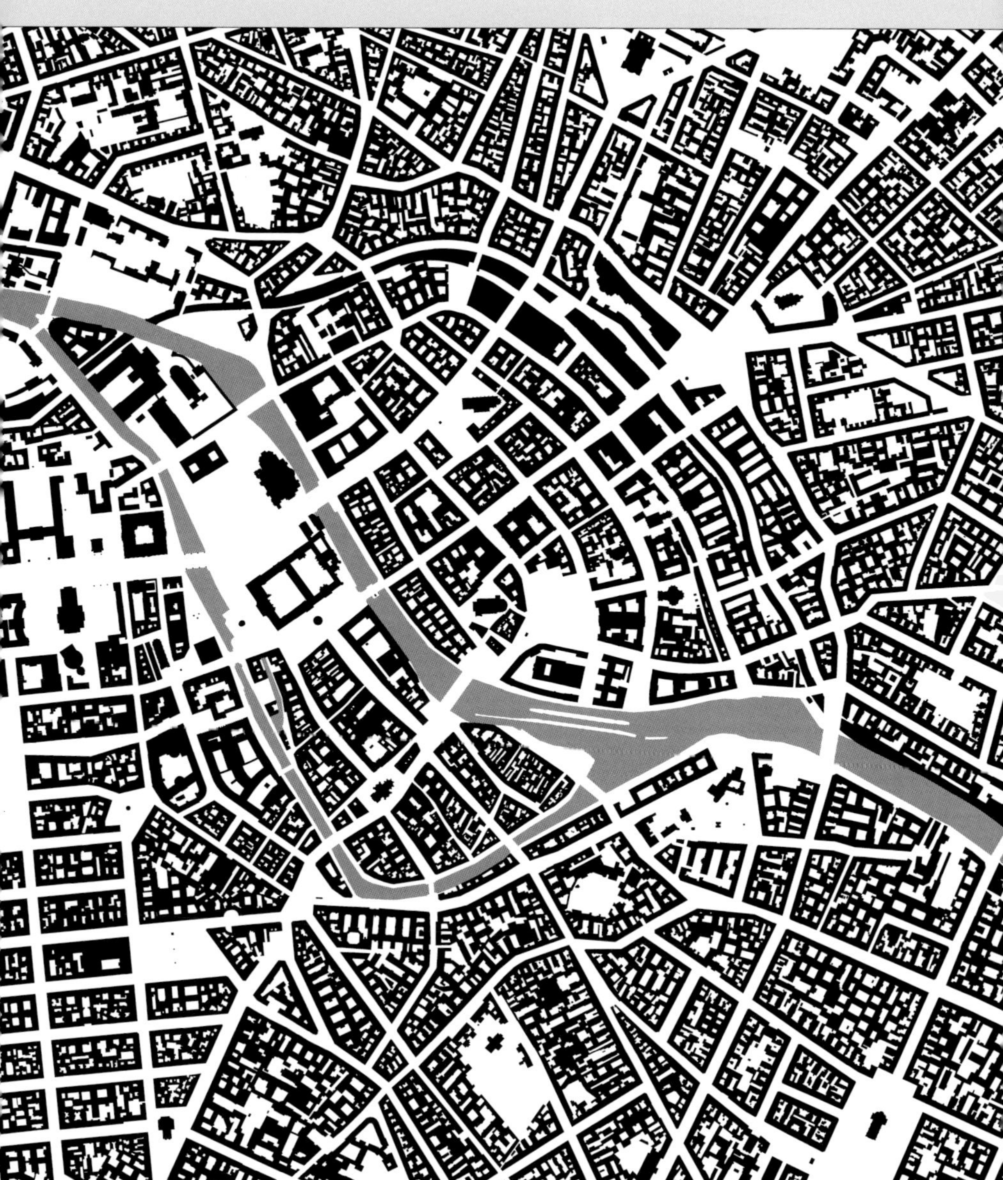

Schwarzplan des Berliner Stadtkerns um 1940

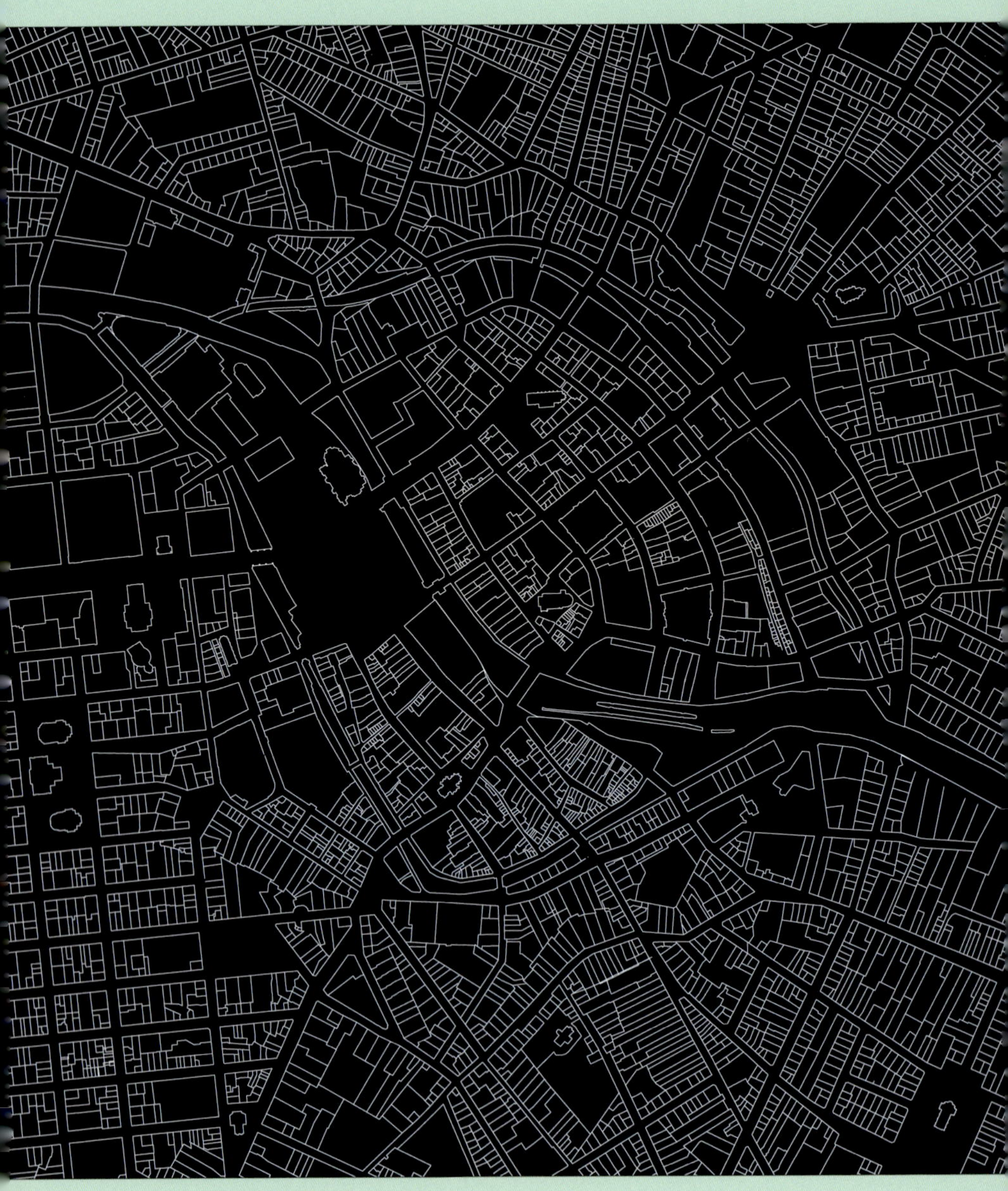

Parzellenplan um 1953

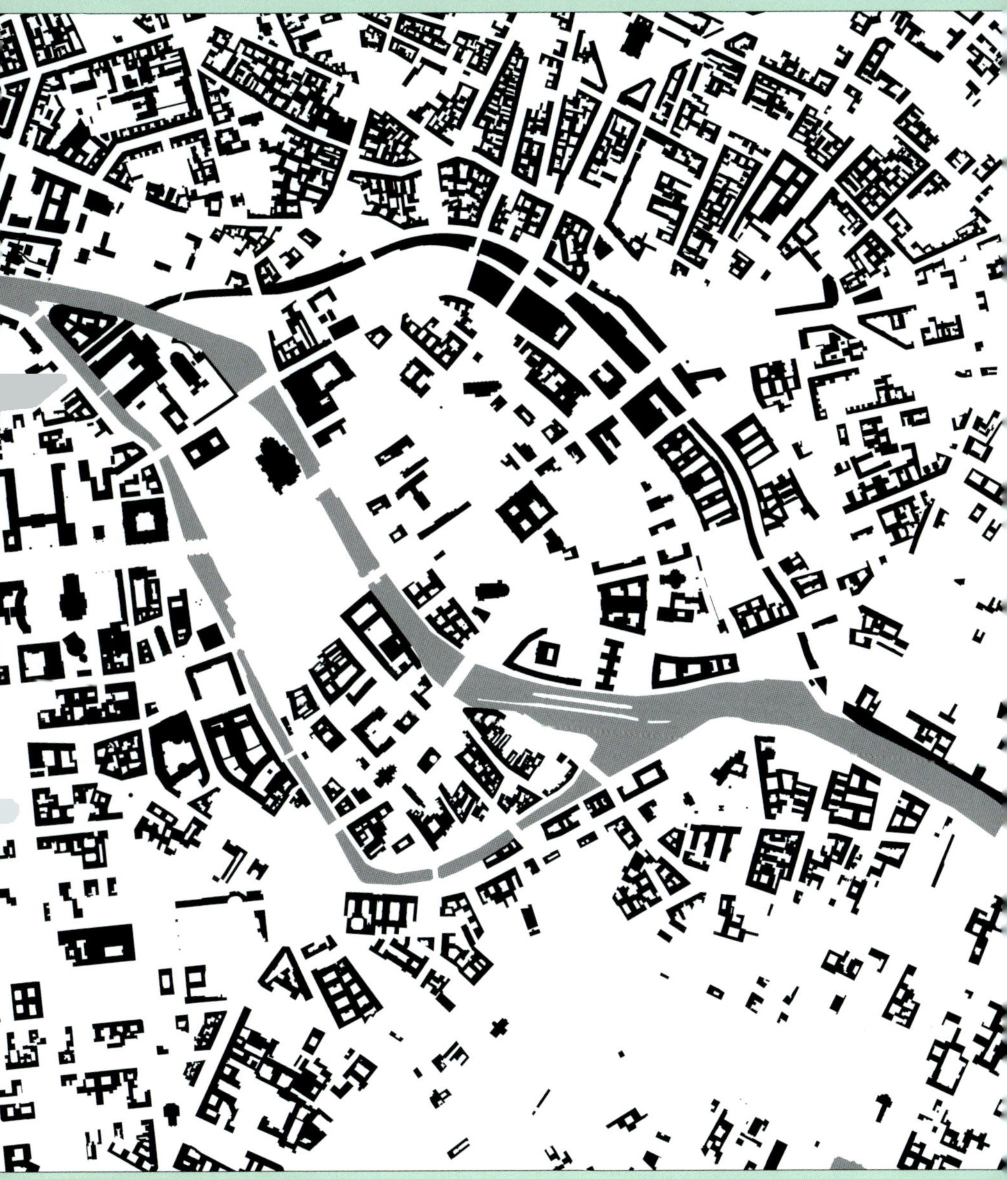

Schwarzplan um 1953

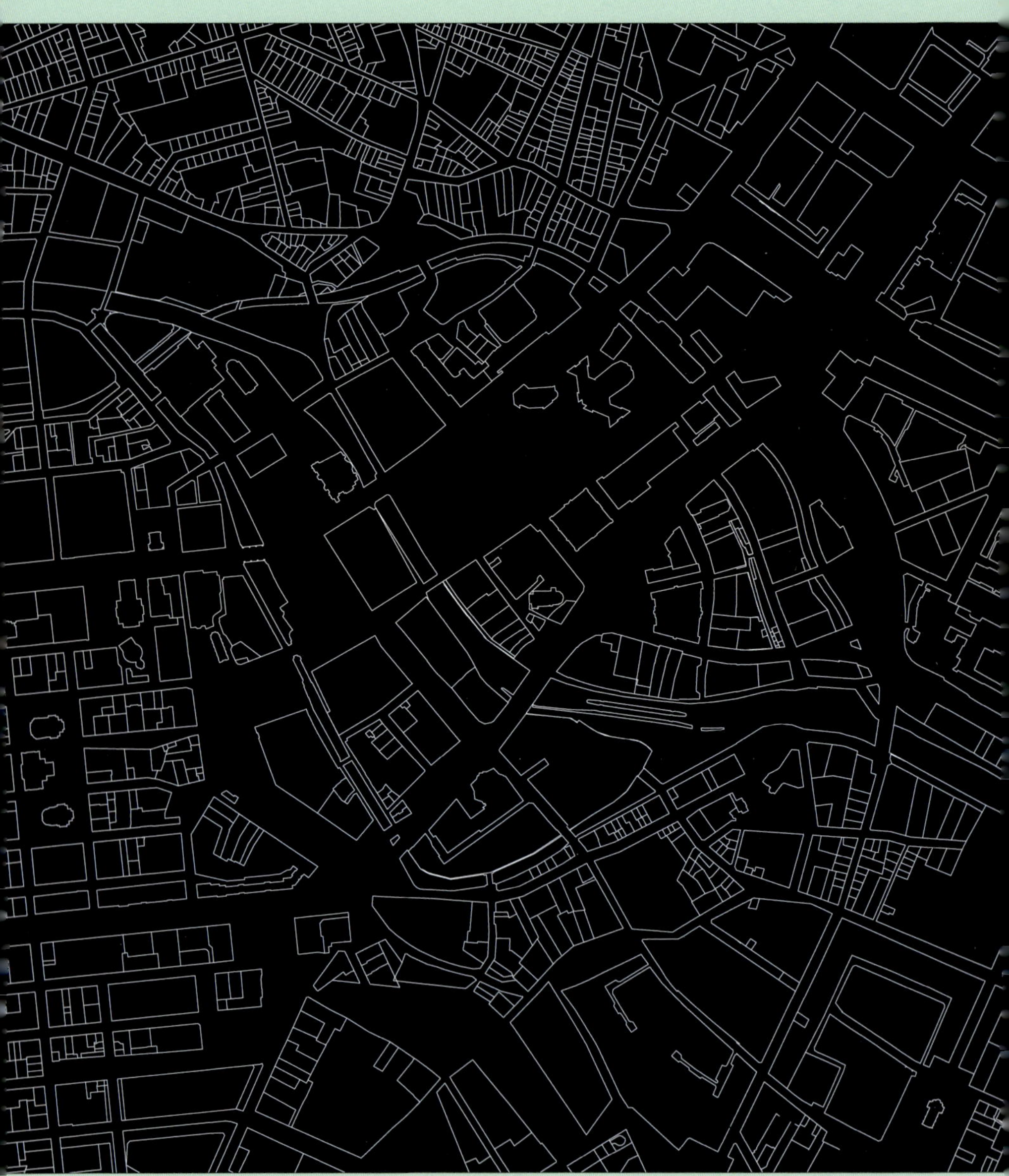

Parzellenplan um 1989

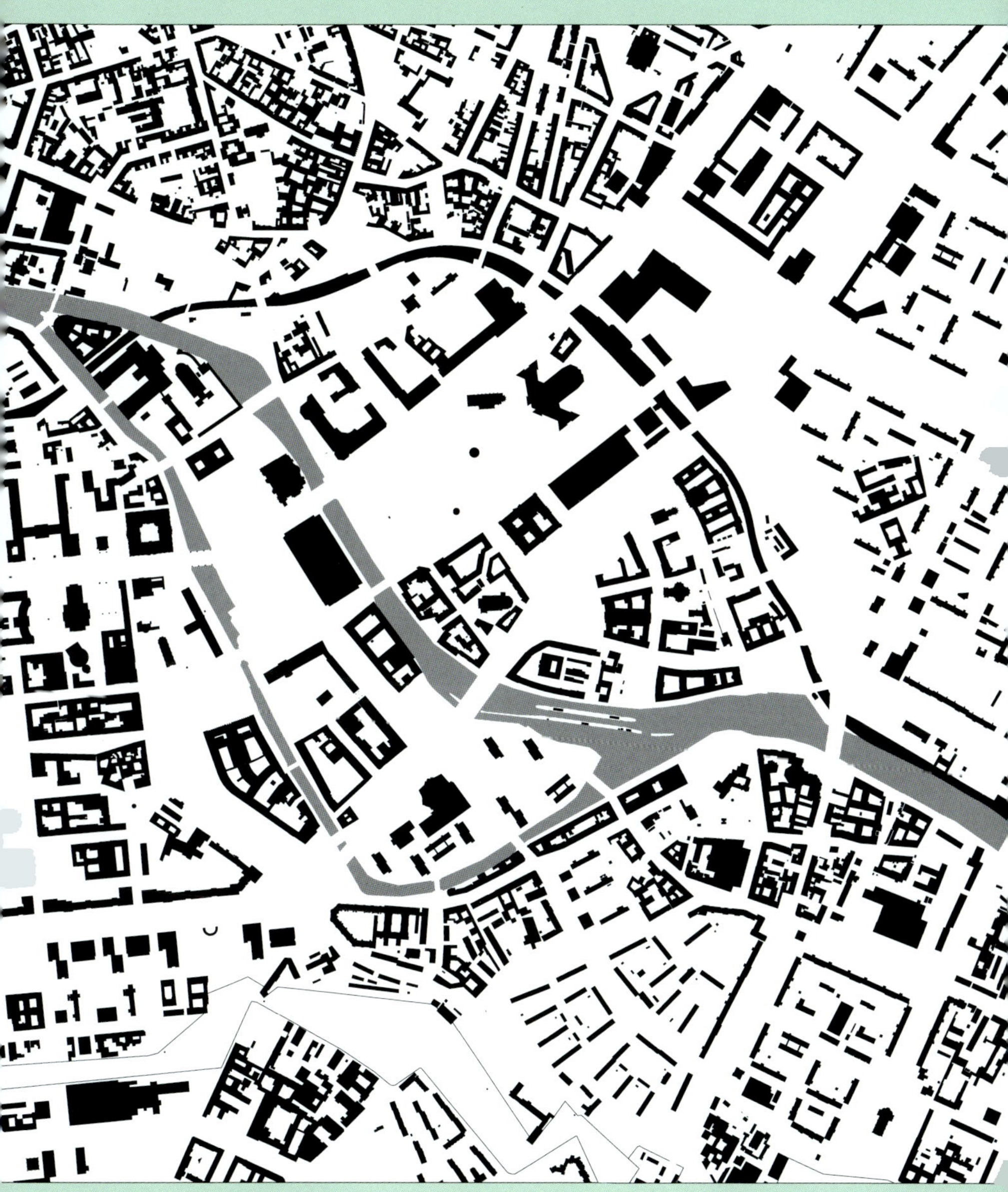

Schwarzplan um 1989

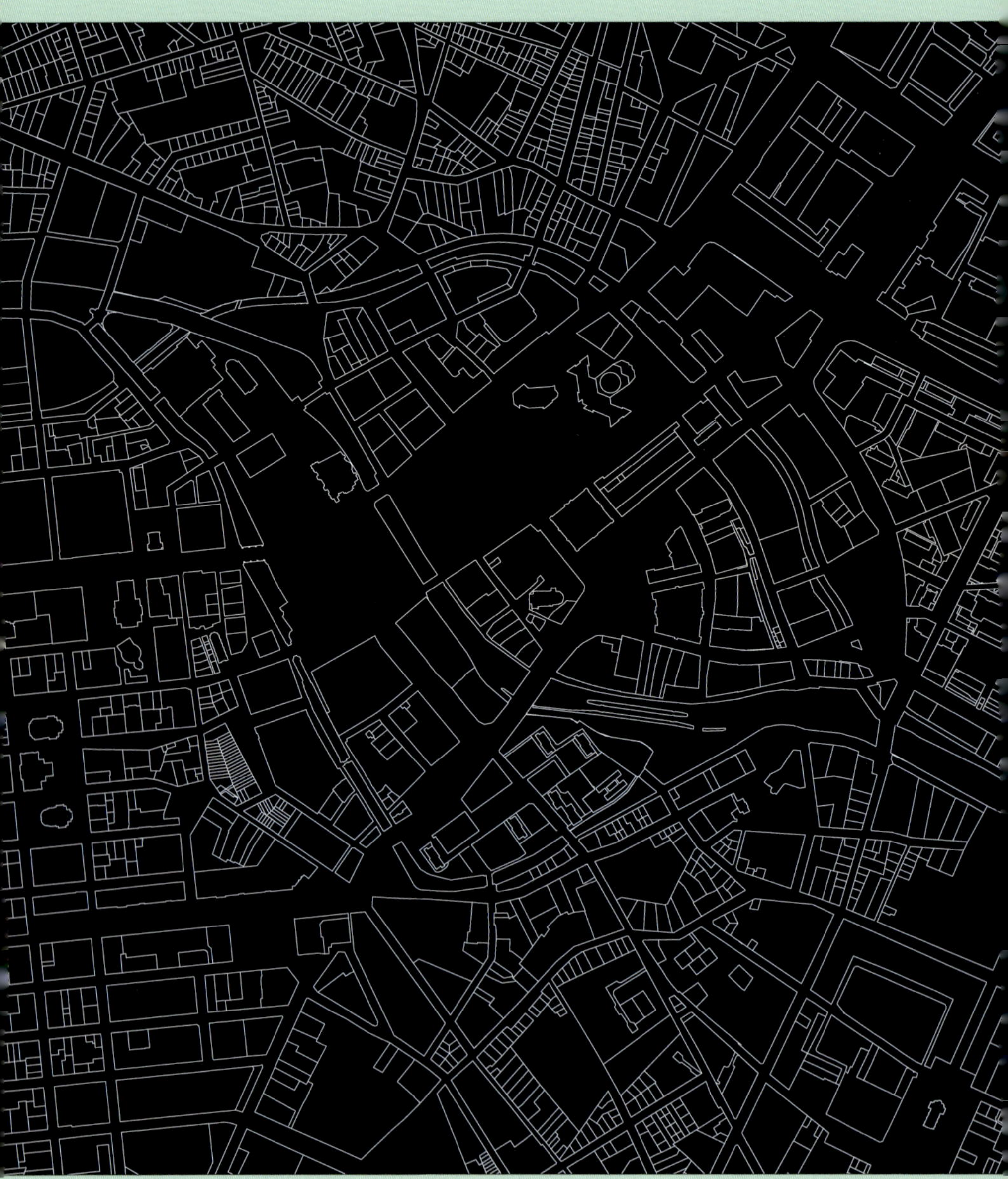

Parzellenplan um 2010

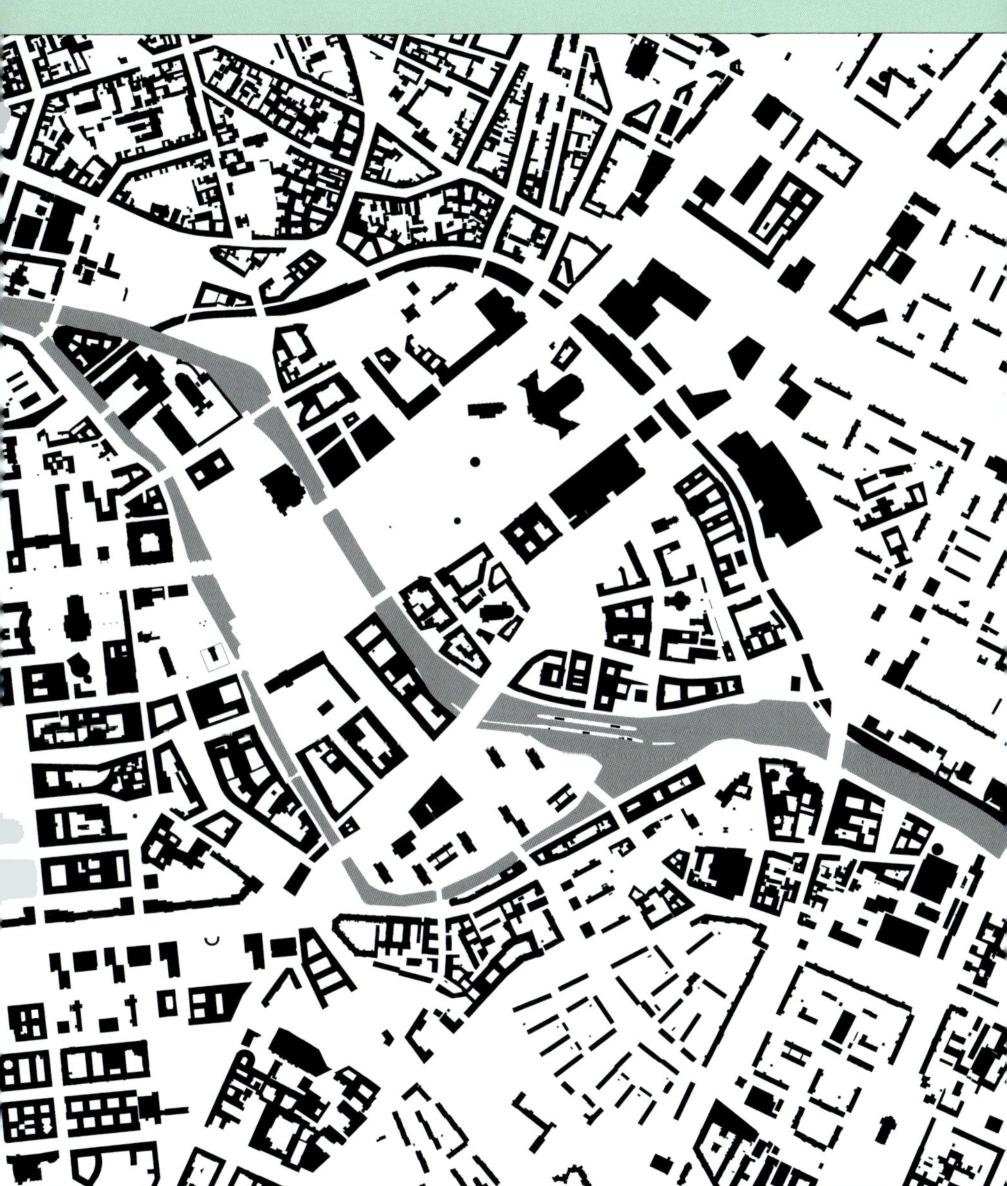

Schwarzplan um 2010

In seiner Art erinnert der Schwarzplan an die im 18. Jahrhundert beliebten Scherenschnitt-Porträts, die die Physiognomie des menschlichen Gesichts auf abstrakte Weise charakterisierten. Mit den Schwarzplänen werden die Dimensionen und Charakteristiken städtischer Räume grafisch reduziert und die Stadtstruktur mit ihren Straßen, Plätzen und Blockgrößen sowie die Form und Dichte der Bebauung lesbar. Die Bauten sind schwarz dargestellt; sie ergeben sich als gedachte Schnittflächen, wenn man die Stadt in der Höhe von einem Meter horizontal schneidet. Ohne weitere Erklärung zeigen sich so der Abdruck geschichtlicher Perioden einer Stadt wie Berlin und seine Zerstörung durch Bomben und Abrisse. Während die Schwarzpläne die Bauten und Stadträume visualisieren, zeigen die Parzellenpläne, ebenfalls graphisch vereinfacht, die Aufteilung der Flächen und die Eigentumsstrukturen in der jeweiligen Epoche. Deutlich wird die Auflösung der vielfältigen Eigentumsstruktur, die Grundlage ursprünglicher Urbanität war, durch die neue Stadtplanung nach dem Krieg.

In Berlin erlebte die Schwarzplantechnik ab 1996 im Kontext der Erarbeitung des „Planwerks Innenstadt“ in der Ägide von Hans Stimmann eine Renaissance. Für Stimmann und seine Kollegen waren sie eine wissenschaftliche Grundlage für die „Kritische Rekonstruktion“ des Stadtgrundrisses im Stadtkern Berlins, die mit dem Planwerk Innenstadt begonnen wurde. Nach einem drei Jahre dauernden Diskussions- und Planungsprozess mit Bürgern, Planern, Verwaltungen, Eigentümern und der Politik wurde das Planwerk Innenstadt 1999 vom Berliner Senat beschlossen.

*Ausführlich dazu: Hans Stimmann (Hrsg.): Die gezeichnete Stadt. Die Physiognomie der Berliner Innenstadt in Schwarz- und Parzellenplänen. 1940–2010. The City in Black. The Physiognomy of Central Berlin in Figure-Ground Plans and Parcel Plans. Berlin 2002.*

einer utopischen sozialistischen Gesellschaft, deren Mitte kristalline Kulturbauten markieren. Es ist die Zeit der 1920 von Bruno Taut ins Leben gerufenen Künstlergemeinschaft der „Gläsernen Kette“, an der sich Scharoun mit feurig lodernden Aquarellen expressionistischer Kulturbauten zum Beispiel mit einem „Haus nächtlicher Freude“ beteiligt. Für die heutigen Betrachter seiner Zeichnungen ist auffallend, dass die kubischen Strukturen der Bauhaus-Moderne in den Bildvorstellungen Scharouns nicht vorhanden sind. Sie erinnern eher an die plastischen Formen des Katalanen Antonin Gaudí.

Seit der Beseitigung der anfangs auftretenden akustischen Mängel und der zunächst eingesparten und erst 1981 aufgebrachten goldglänzenden Aluminiumhaut erwarb sich das skulpturale Objekt der Philharmonie schnell den Ruf des Symbolbaues organischer Baukunst. Die Berliner Philharmoniker mit ihrem GMD Karajan berauschten hier kurz vor der Mauer, am Rande des Tiergartens in einer Art Niemandsland mit einer einsamen Ruine des Potsdamer Platzes ihr Publikum. Der Glanz des Orchesters und seiner großen Stardirigenten entfaltete sich hier bis zur glücklichen Wiedervereinigung 1989 kurz vor dem „Todesstreifen“.

Diese isolierte Position in einer politischen und stadtplanerischen Brache hat sich seit der Wiedervereinigung und der Wiederbebauung des Grenzgebiets zwischen Potsdamer Platz und Philharmonie völlig geändert. Die Philharmonie, inzwischen ergänzt um den Kammermusiksaal und das Musikinstrumentenmuseum, befindet sich seitdem im Schatten der überwiegend kommerziellen Bauten des Potsdamer Platzes. Dessen Planung klammerte das Kulturforum ausdrücklich aus und die Bebauung folgte zudem traditionellen Stadtvorstellungen. An den Rückseiten der Philharmonie und Staatsbibliothek stoßen so zwei ein halbes Jahrhundert auseinanderliegende architektonische und urbanistische Auffassungen zusammen, wie sie gegensätzlicher nicht sein könnten. Die Folgen dieser theoretisch gewagten Begegnung sind für den Schlüsselbau organischer Baukunst fatal. Die als freistehende Skulptur in einer fließenden Stadtlandschaft gedachte Philharmonie befindet sich heute in einer schwer lesbaren Stadtbrache.

Werden die Besucher schon beim Betreten des künstlerisch gestalteten Foyers und erst recht mit den ersten Eindrücken des Saales auf das Konzert eingestimmt, so deprimierend ist der Weg bis zu den beiden Eingängen. Der inzwischen obligatorische Eingang in Richtung Potsdamer Platz stimmt die Besucher nicht etwa auf die Musik ein, sondern konfrontiert sie mit einer ruppigen Mischung aus Tiefgaragen- und Stadtautobahnzufahrt und Parkplatz. Wer (vielleicht) annimmt, dies sei die gebaute Rache der kommerziellen Architektur des Potsdamer Platzes an den Kulturbauten West-Berlins, irrt. Im ursprünglichen Masterplan von Hans Scharoun aus dem Jahr 1964 befanden sich hier als Teil der Stadtlandschaft die unüberquerbare Stadtautobahn Westtangente und ein riesiger Parkplatz.

## Das Scheitern einer Utopie

Der Zugang erzählt so auch noch in der abgemilderten Version unserer Tage etwas von der gescheiterten Utopie einer gänzlichen anderen Stadtidee. Dabei sollte sich die Stadt den Bewohnern nicht mehr aus Straßenräumen und Häusern, sondern „wie Berg und Tag, wie Wald und Wiese, wie Wasser und Fels“ darbieten. Am ehesten lässt sich diese Idee mit einiger Phantasie noch bei der Annäherung von der Neuen Potsdamer Brücke kommend erahnen. Hier markiert die ebenfalls von Scharoun gebaute neue Staatsbibliothek die Ostseite der als „Tal“ gedachten Neuen Potsdamer Straße mit Blick in Richtung Philharmonie. Was man hinter der Currywurst-Bude (Alibar) sieht, ist allerdings nicht die Philharmonie, sondern der viel zu groß geratene Kammermusiksaal.

Um diesem Widerspruch zwischen dem Geniestreich der Philharmonie und den erbärmlichen Zustand seiner Umgebung zu begreifen, muss man sich die Geschichte des Hauses, seines

Standortes und der politischen Umstände in der Mitte der fünfziger Jahre in Erinnerung rufen. Berlin war nicht nur zerstört, sondern zusätzlich politisch und kulturell geteilt, Ost- und West-Berlin vertraten im Kalten Krieg in jeder Beziehung, auch städtebaulich und architektonisch, gegensätzliche Positionen. Architektur war Instrument des ideologischen Kulturkampfes.

Die innerstädtischen Sektorengrenzen waren zwar noch bis zum 13. August 1961 passierbar, aber die Planer in den Ost- bzw. Westsektoren folgten mit ihren Vorstellungen des Neuen Berlin gegensätzlichen architektonischen Leitbildern. Der sowjetisch besetzte Ostsektor wurde seit 1949 von der SED zur Hauptstadt der DDR mit prachtvollen Magistralen und riesigen Aufmarschplätzen ausgebaut. In den drei Westsektoren regierte seit 1955 Otto Suhr (SPD), dem am 03. Oktober 1957 Willy Brandt (SPD) als Regierender Bürgermeister mit Sitz im Rathaus Schöneberg folgte. Er blieb in dieser Position bis 1966. Sein Bausenator war der Stadtautobahnfan Rolf Schwedler. Unter seiner Regie wurde nach langem Vorlauf am 28. August 1956 ein Wettbewerb für ein Konzerthaus des Philharmonischen Orchesters durchgeführt. Da die alte Philharmonie in der Bernburger Straße zerstört war, konzertierten die Philharmoniker unter Wilhelm Furtwängler im umgebauten Steglitzer (Kino-) Titania-Palast aus den berühmten zwanziger Jahren.

Um diesen unbefriedigenden Zustand zu beenden, forderte die 1949 gegründete Gesellschaft der Freunde der Berliner Philharmonie einen Neubau. Als Standort wurde schließlich das Areal hinter dem „Joachimsthalsches Gymnasium“ an der Bundesallee in Wilmersdorf ausgewählt. Gewinner des unter zwölf Architekten durchgeführten Wettbewerbs für einen Neubau wurde Hans Scharoun. Er entwarf einen vom Altbau des Gymnasiums abgesetzten Konzertsaal mit allen strukturellen Elementen des später am Kemper-Platz realisierten Projektes. Der geplante Standort befand sich in etwa auf dem Areal der hier später gebauten Freien Volksbühne. Die genehmigten Baukosten von sieben Millionen D-Mark wurden laut Vorprüfung mit dem Entwurf um 1,3 Millionen D-Mark überschritten. Auf den Wettbewerb folgte nicht der Bau, sondern eine weitere Debatte über die Eignung des Standortes am Rande der City-West.

## Die Entscheidung fiel unter Willy Brandt

Einen Hintergrund dafür bildeten die sich zuspitzenden politisch/ideologischen Auseinandersetzungen über die Gestaltung des Zentrums Berlins als deutsche Hauptstadt. Der Streit zwischen Ost und West kumulierte in der Form von zwei städtebaulichen Wettbewerben: dem „Hauptstadtwettbewerb" von 1957/58 der Bundesregierung und des Senats und den 1958 durchgeführten „Wettbewerb zur sozialistischen Umgestaltung des Zentrums der Hauptstadt der DDR" des Ost-Berliner Magistrats. Vor dem Hintergrund dieser Wettbewerbe, die die zukünftige Struktur der Gesamtstadt im Auge hatten, plädierten unter anderem die (West-)Berliner SPD, Bausenator Schwedler und die Tagespresse für einen neuen Standort in der Nähe der Sektorengrenze.

Die Entscheidung fiel durch den neugewählten Senat mit Willy Brandt an der Spitze am 5. Februar 1959 für den Standort am nördlichen Rand des durch die Matthäikirchstraße, Tiergartenstraße, Victoriastraße und Margaretenstraße gebildeten Blocks am Tiergartenrand. An der für eine ganz andere Lage entworfenen Architektur wurde festgehalten. Nach weiteren Debatten stimmte auch das Abgeordnetenhaus am 29. November 1959 zu.

Die Beschlüsse für den Standort unmittelbar an der Sektorengrenze waren Bekenntnisse zur bedrohten Einheit der Stadt, signalisierten aber auch Zustimmung zu einer gänzlich anderen Idee von Stadt und Architektur, wie sie Hans Scharoun u.a. in seinem Wettbewerbsbeitrag zur Neugestaltung Berlins als Hauptstadt formuliert hatte. Der Senat, die Architektenschaft, die Akademie der Künste und nicht zuletzt Hans Scharoun hatten sich von traditionellen Stadtvorstellungen mit Straßen, Plätzen und privaten Häusern verabschiedet. Sie erträumten sich eine erinnerungslose Stadtlandschaft mit Bauten in grüner Umgebung und großzügigen Verkehrsstraßen ohne Rücksicht auf die Stadtgeschichte, die hier unter anderem mit der Achsenplanung von Albert Speer verbunden war.

## Die Philharmonie wendet der Stadt ihren Rücken zu

Bei dieser Sicht auf die jüngste Geschichte wurde „übersehen", dass hier vor 1933 prominente Berliner ihren Wohnsitz hatten. Für die besondere Eignung des Standortes gehörte die Tatsache der freien Verfügbarkeit über die in der NS-Zeit ‚arisierten' Grundstücke und die Lage an der Stadtautobahn Westtangente. Die politisch gewollte Beziehung zur Stadtmitte existierte also nur auf dem Plan. Tatsächlich wendet sich die Philharmonie mit dem Rücken beziehungsweise mit den Parkplätzen zur Stadt. Der Eingang befindet sich an der Westseite. Die weitere des Senats Einzelentscheidung

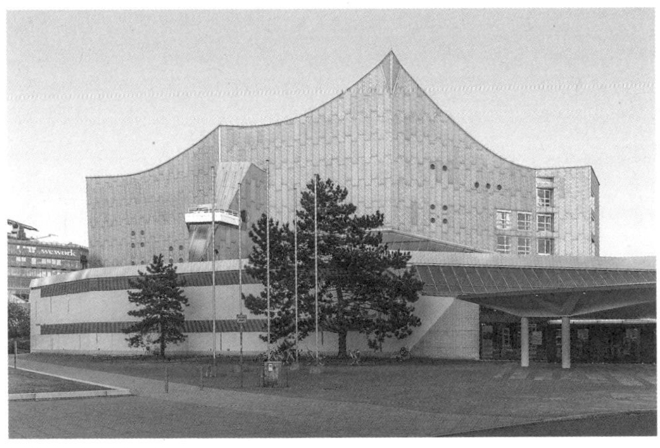

Berliner Philharmonie in der Herbert-von-Karajan-Straße 1

für den Bau der Neuen Nationalgalerie durch Mies van der Rohe bildete schließlich die Grundlage für das Kulturforumskonzept von Scharoun im Jahre 1964.

All dies ist Geschichte. Die Stadt ist wieder vereint, die trennende Stadtautobahn wurde 1981 von Jochen Vogel verworfen. Der Potsdamer Platz ist ein urbaner Ort geworden. Höchste Zeit also, endlich auf den geänderten Kontext zu reagieren.

Anfangen könnte man mit einem angemessenen Stadteingang zur Philharmonie. Wenn man auf die oberirdischen Parkplätze verzichtete, wäre zudem Platz für einen angemessen dimensionierten Kammermusiksaal als architektonische Brücke zur Neuen Potsdamer Straße.

Die Architektur der Philharmonie ist mit Goethe gesprochen, auf den sich Scharoun gerne bezog, „verstummte Tonkunst". Die Umgebung dieser Weltarchitektur ist dagegen ein Beispiel „einer schlecht gebauten Stadt, wo der Zufall mit leidigem Besen die Häuser zusammenkehrte" (Goethe). Wäre das nicht eine Aufgabe für den Senat, hier endlich schöne Stadträume zu schaffen, die zum Verweilen vor oder nach einem Konzert animieren?

*„‚Schwer lesbare Stadtbrache'. Philharmonie – Wunderwerk im falschen Umfeld" von Hans Stimmann, veröffentlicht am 15. Oktober 2013 in der* Berliner Morgenpost.

## Brückenbau in Berlin-Mitte

# Wie die Grünen die Schneise lieben lernten

Die Brückengeschichte Berlins beginnt mit einem Damm, der 1285 zum Betrieb einer Mühle zwischen den östlich der Spree gelegenen Siedlungen und Cölln gebaut wurde. Der Mühlendamm bot den Bewohnern der beiden Städte die Möglichkeit, die Spree trockenen Fußes zu überqueren, und regulierte über Jahrhunderte durch Stauanlagen, Schleusen und Mühlengerinne den Wasserstand der Spree. Erst nach 1889 erfolgte der Umbau des Damms zu einem regelrechten Brückensystem aus drei Brücken. An die lange Geschichte erinnert heute nur noch der Name Mühlendammbrücke. Er bezeichnet eine 1968 zu DDR-Zeiten fertiggestellte achtspurige Autobrücke, eine moderne Spannbetonkonstruktion.

Da der Mühlendamm den Schiffsverkehr blockierte, wurde der Spreekanal gebaut, der Cölln zu der heute nur noch im Stadtgrundriss erkennbaren Insel machte, an die die Namen Fischerinsel und Museumsinsel erinnern. Um die Insel samt Schloss mit den

Stadterweiterungen des Friedrichswerder im Westen zu verbinden, war der Bau zahlreicher Brücken über den Spreekanal notwendig. Dazu gehörten die älteste bis heute erhaltene, als Klappbrücke entworfene Jungfernbrücke, die von Karl Friedrich Schinkel entworfene Schlossbrücke (1824), aber auch die 1895 von James Hobrecht geplante Gertraudenbrücke, die bis 1976 als Brückenverbindung den gesamten großstädtischen Verkehr einschließlich der Straßenbahn zwischen der Gertraudenstraße, dem Spittelmarkt und der Leipziger Straße bewältigt hat. Dann wurde der denkmalgeschützten Natursteingewölbe-Brücke eine sechsspurige Stahlbrücke, die Neue Gertraudenbrücke, zur Seite gestellt. Das Nebeneinander der beiden Bauwerke ergibt auch für den an architektonische Brüche gewöhnten Blick ein surrealistisches Bild.

Nach einem Beschluss des Berliner Senats auf Vorlage vom August 2021 der Senatorin für Umwelt, Verkehr und Klimaschutz soll die autogerechte Brücke nicht, wie vom Senat schon 1999 beschlossen, abgerissen werden, um durch eine Modernisierung der alten Gertraudenbrücke den ausgelöschten Spittelmarkt mit architektonisch moderner Bebauung wieder entstehen zu lassen, vielmehr soll sie als sogenannter Ersatzneubau wieder entstehen. Der Grund ist nicht etwa eine Unterschutzstellung des „denkmalwürdigen" Nebeneinanders von DDR-Moderne und gründerzeitlicher Ingenieurbaukunst, sondern die banale Tatsache, dass die Planung als Ersatzneubau den Abriss und Neubau ohne zeitaufwendiges vorheriges Planfeststellungsverfahren ermöglicht – als Teil des städtebaulichen Konzeptes für eine neue Wiederentstehung des Spittelmarktes im Übergang zur Leipziger Straße.

Damit steht der Senatsbeschluss für eine autoorientierte Wende in einer über drei Jahrzehnte leidenschaftlich zwischen verkehrspolitischen und architektonischen Positionen geführten Debatte über den Umgang mit einer durch das historische Zentrum gelegten Verkehrsschneise. Diese war als Teil der Planung für die Hauptstadt der DDR entstanden, um verkehrsfreie Räume für die Inszenierung des Hauptstadtgeschehens zu ermöglichen. Teil dieses Konzeptes war der Bau einer achtspurigen Magistrale vom Alexanderplatz zur Leipziger Straße, die unter sich den Großen Jüdenhof, den Molkenmarkt, den Petriplatz und den Spittelmarkt begrub.

Natürlich war der Bruch mit den Korridorstraßen im überlieferten Stadtgrundriss nicht auf die Hauptstadt der DDR beschränkt, sondern galt für beide Teile der Stadt. Bekanntlich war gerade der Umbau der gründerzeitlichen Stadt unter dem Leitbild einer autogerechten Stadtlandschaft typisch für West-Berlin. Das Besondere an den Planungen für die Hauptstadt der DDR war nur der Umstand, dass hier nicht die Mietskasernenstadt, sondern der Geburtsort Berlins mit den ältesten Straßen, Plätzen und Brücken im Wege stand. So wurde aus der kurzen, 20 Meter breiten Grunerstraße ein 60 Meter breiter, abschnittsweise untertunnelter Straßendurchbruch, der die Otto-Braun-Straße mit dem Molkenmarkt verband. Von dort ging es wie auf einer Stadtautobahn weiter über die achtspurige Mühlendammbrücke.

War die Brücke jahrhundertelang im Bild der Stadt nicht nur eine Brücke über die Spree, sondern eine besondere Verbindung zwischen Berlin und Cölln, wurde sie nun ein anonymes Straßenstück am Übergang zur Hochhaussiedlung auf der Fischerinsel. Dem achtspurigen Mühlendamm folgte 1976 die Verlängerung und Verbreiterung auf der Trasse der Gertraudenstraße bis zum Spittelmarkt, an den seitdem nur noch die Beschilderung der U-Bahnhofes erinnert. Der autogerecht ausgebauten Gertraudenstraße fielen nicht nur der Petriplatz und die Petri-Kirche zum Opfer, sondern sie produzierte auch die eingangs erwähnte surreale Situation einer Verdoppelung der Gertraudenbrücke. Dabei ist ganz im Sinne des Leitbildes von der autogerechten Stadt die historische Brücke nun den Fußgängern und die neue dem Autoverkehr vorbehalten, und die U-Bahn-Station ist nur durch einen Tunnel unter der Stadtautobahnbrücke zu erreichen.

Obwohl, wie bereits erwähnt, schon am 18. Mai 1999 von einem CDU/SPD-Senat beschlossen wurde, diesen Zustand durch den Abriss der Autobrücke und Reaktivierung und Modernisierung der historischen Gertraudenbrücke zu beenden, ist seit über zwanzig Jahren unter unterschiedlichen politischen Konstellationen nichts passiert. Besonders bemerkenswert ist dieser Stillstand für die rot-rot-grüne Senatsregierung, die das politische Ziel einer Verkehrswende zugunsten des Umweltverbundes verfolgt.

Und nicht nur das: Seitdem die Verkehrssenatorin Regine Günther von den Grünen die Verantwortung übernommen hat, wird die gesamte seit Mitte der sechziger Jahre als Teil der DDR-Hauptstadtplanung entstandene Schneise samt der dazugehörenden Autobrücke zur Spielwiese für Verkehrsplaner, die nun als Mobilitätstechnokraten die politische Praxis der DDR-Jahre wiederaufnehmen. Diese mobilitätsfunktionalistische Form des Planens ohne Rücksicht auf stadträumliche Qualitäten und städtebauliche Erinnerungen bricht zudem mit den unterschiedlichen Konzepten zur Transformation der Staatsmitte zur Mitte der wiedervereinigten Stadt.

Was immer die seit 1991 vorgestellten städtebaulichen Überlegungen, Wettbewerbe und Konzepte für das Zentrum der Stadt unterschied, einig war man sich darüber, die bis in die späten fünfziger Jahre im Stadtgrundriss ablesbaren differenzierten Raumfolgen möglichst ohne allzu wörtliche Rekonstruktion wieder erlebbar zu machen. Die Konkretisierung dieser Absichten im Umgang mit der Verkehrsschneise vom Alexanderplatz zum Spittelmarkt geriet jedoch regelmäßig in einen Konflikt zwischen konservativen politischen Vorstellungen über die Bedeutung des individuellen Autoverkehrs und den Vorstellungen zur kritischen Rekonstruktion des Stadtgrundrisses. Das räumliche Zentrum dieser Auseinandersetzungen bildeten dabei die Gestaltung des Molkenmarktes und die Anzahl der Fahrspuren.

Schließlich einigte man sich im Mai 1999 auf ein städtebauliches Konzept für die gesamte Strecke, klammerte aber die

Gestaltung der Kreuzung Spandauer Straße am Molkenmarkt aus. Bei der Dimensionierung für die gesamte Strecke ging man zwar vom Rückgang auf 35.000 Autos pro Tag aus, bestand aber auf den Bau von je drei Spuren für den motorisierten Verkehr und den Bau einer Straßenbahn auf separatem Gleisbett. Die damals gerade dreißig Jahre alte achtspurige Mühlendammbrücke sollte erhalten und entsprechend umgenutzt werden. Zur Erinnerung an ihre historische Rolle als Ort der Begegnung war eine Bebauung mit einem Café und einem Restaurant geplant.

Die Bedeutung, die man der Wiedergewinnung städtebaulicher Qualitäten bei den Beschlüssen beimaß, mag man daran erkennen, dass 1999 beschlossen wurde, die für den Autoverkehr reservierte Neue Gertraudenbrücke abzureißen und dafür die zum Fußgängersteg herabgestufte historische Brücke für den Auto- und Straßenbahnverkehr zu reaktivieren. Das war die Position des CDU/SPD-Senats vor 22 Jahren. Passiert ist trotz des aktuellen politischen Ziels einer Verkehrswende nichts. Stattdessen wird der Frontalangriff der DDR-Planer auf das Gedächtnis der Stadt, den die Schneise vom Molken- zum Spittelmarkt einschließlich der beiden monströsen Brückenbauwerke bedeutet, von den heutigen Verkehrsplanern fortgeführt. Die Schneise bietet ihnen ausreichend Platz für die Realisierung eines klimaverträglichen Verkehrssystems, einer „Mobilität für alle“ ohne Einschränkungen für einzelne Verkehrsarten, aber auf Kosten stadträumlicher Qualitäten.

Ganz in diesem Sinne wurde im Januar 2021 von der Senatsverwaltung für Umwelt, Verkehr und Klimaschutz der Realisierungswettbewerb für einen Ersatzneubau der Mühlendammbrücke ausgelobt. Anlass waren aber nicht die unübersehbaren städtebaulichen Missstände, sondern „konstruktive Mängel und Defizite in der Tragfähigkeit“, die einen „zügigen Ersatzneubau“ erfordern.

Den Wettbewerbsteilnehmern wurden denn auch präzise Angaben gemacht, was die Brücke an Verkehr zu bewältigen habe, einschließlich der prognostizierten 62.800 Autos am Tag. Diese

Verkehrsmenge erfordert zwei Fahrspuren pro Richtung. Wobei die prognostizierte Verkehrsmenge nicht weiter begründet, sondern wie in den Zeiten autogerechter Planung einfach gesetzt wurde. Was immer die Verkehrswende in den nächsten Jahrzehnten bewirken mag, vier Fahrbahnen für die Autos sind gesetzt. Bei dieser Annahme geht der Senat zudem, anders als der gültige Flächennutzungsplan von 2015, von der Funktion der Straße als Ost-West-Durchgangsstraße aus. Er vernachlässigt dabei, dass der Straßenzug diese Funktion wegen der Einengung der Leipziger Straße auf 24 Meter im Abschnitt von der Charlottenstraße bis zum Leipziger Platz schon jetzt nicht mehr erfüllen kann.

Der Baustadtrat vom Bezirk Mitte fragte nach der Begründung für diese vermeintlich genau errechnete Zahl und schlug, auch weil er keine Antwort bekam, vor, für den Wettbewerb je eine Spur pro Richtung für insgesamt 35.000 Autos am Tag und eine entsprechend geringere Gesamtbreite der neuen Brücke vorzusehen. Trotz dieser Vorschläge blieb es bei einer Ausschreibung für einen Ersatzneubau. Am 28. Juli tagte die Jury und erklärte die Arbeit des Ingenieurbüros Arup Deutschland und des Architektenbüros Cobe A/S aus Kopenhagen zum Sieger. Ausgewählt wurde ein elegant designtes Ingenieurbauwerk, das zwar alle Vorgaben erfüllt, aber – wie die existierende Brücke – quasi als Autobahnbrücke einen sensiblen Teil des Berliner Zentrums unter sich begräbt. Senatorin Günther beschreibt die Brücke dagegen als Beispiel „für die Berliner Mobilitätswende, mit viel Platz für die stadtverträglichen Verkehrsarten Straßenbahn, Rad- und Fußverkehr". Auch die Preisträger beschreiben ihren Entwurf als Brücke für „grüne Mobilität" und meinen damit wohl die vorgeschlagene Begrünung der Straßenbahntrasse.

Was sowohl in der Ausschreibung als auch im preisgekrönten Entwurf völlig fehlt, ist eine architektonische Reaktion auf die kulturellen, sozialen und wirtschaftlichen Eigenschaften dieses Ortes zwischen Berlin und Cölln. Man wird auch in Zukunft selbst als aufmerksamer Verkehrsteilnehmer weder den Anfang noch das Ende der Brücke wahrnehmen und daher auch nichts von ihrer besonderen städtebaulichen Bedeutung mit dem Blick in Richtung Kurfürstenbrücke, Humboldt Forum und Berliner Dom spüren.

Die Wettbewerbsentscheidung ist gefallen. Sie zeigt, dass die Mobilitätswende technisch machbar ist. Aber die öffentlichen Räume der Stadt sollten besonders im Zentrum nicht zuerst Orte von $CO_2$-Belastungen, Lärm und Unfallgefahr sein, sondern vor allem Orte der Begegnung, der Ruhe und manchmal auch der Schönheit. Dazu, sich an die Abwesenheit solcher Qualitäten zu erinnern, gibt es in Berlin am 30. September eine Gelegenheit. An diesem Tag wird auf der Gertraudenbrücke der 125. Jahrestag ihrer Fertigstellung mit der Wiederaufstellung der restaurierten Bronzeskulptur ihrer Namensgeberin gefeiert – der heiligen Gertraude, der Schutzpatronin der Armen, Kranken und Handwerksburschen. Für die dann gerade neu gewählten Abgeordneten wäre diese Feier eine gute Gelegenheit, die bisherigen Ergebnisse des Umgangs mit einem gebauten Dokument der autogerechten Stadt grundlegend zu überdenken.

*„Brückenbau in Berlin-Mitte: Wie die Grünen die Schneise lieben lernten“: So war der Artikel von Hans Stimmann überschrieben, der am 23. August 2021 in der* Frankfurter Allgemeinen Zeitung *erstmals zu lesen war.*

# „In Berlin ist auch vieles daneben gegangen“

## Hans Stimmann im Gespräch mit Rainer Haubrich

**Sie haben eine Epoche der Architektur in Berlin gestaltet. Wie schauen Sie heute auf die Stadt?** Meine damalige Neigung, Recht zu haben als Einziger, nur eine architektonische Lösung als richtig anzusehen, ist mir abhandengekommen. Einerseits bin ich stolz darauf, dass ich in dieser Zeit ein paar richtige Entscheidungen beeinflussen konnte, andererseits kenne ich inzwischen Moskau, Peking, Shanghai, Tokio und Seoul – da merkt man, dass vieles, worüber wir uns streiten, typische Probleme europäischer Städte sind.
**Wie schaut man von dort auf Berlin?** Egal, wo man hinkommt, von Shanghai bis Mexiko, ist Berlin in seiner spezifischen Nachwende-Modernität ein unglaublich angesehener Ort. Ich muss manchmal sogar bremsen und darauf hinweisen, dass auch in Berlin vieles daneben gegangen ist. Aber gemessen an asiatischen Städten oder

den Emiraten ist hier doch überwiegend architektonische und urbanistische Qualität entstanden.

**Was geht Ihnen durch den Kopf, wenn Sie auf das heutige Berlin schauen?** Wenn ich mit dem Rad durch den Tiergarten fahre, komme ich immer an der Urania und Scharouns Kulturforum vorbei und merke, dass mich solche Fragmente früherer Planungen nach wie vor beschäftigen. Daher fällt es mir schwer, zuzuschauen, wie Berlin beim Wettbewerb für ein neues Museum im Kulturforum die Planungshoheit an die Kulturstaatsministerin abgibt. Eine solche Machtübergabe kommunaler Zuständigkeiten an den Bund habe ich in meiner Amtszeit nie erlebt. Wenn ich dann zum Pariser Platz komme, kann ich immer noch kaum glauben, dass er jetzt den Eindruck vermittelt, als sei es schon immer so gewesen. Und natürlich beobachte ich, wie die Touristen den Platz und seine Architektur einfach genießen. Kaum jemand erinnert sich noch an die Schlachten, die wir geschlagen haben um Traufhöhen, Material und Fenstergrößen zum Beispiel bei Behnischs Akademie der Künste und Gehrys Bankgebäude.

**Was finden Sie noch gelungen?** Die Friedrichstadt zwischen Hausvogteiplatz und Friedrichstraße ist in ihrer Mischung ein gut funktionierendes Stück Innenstadt. Kaum zu glauben, was sich manche Architekten an irrwitzigen Ideen dafür ausgedacht hatten! Unter Berücksichtigung der Bedingungen, die wir vorfanden, ist das gut geworden. Leider sieht man ja ökonomische Bedingungen nicht. Wenn ich mit Besuchern dort bin, erinnere ich sie daran, dass es einen Einigungsvertrag gab, der vorsah, die Grundstücke an die Alteigentümer zurückzugeben oder sie zu entschädigen. Im Westteil Berlins gab es nach dem Krieg bekanntlich keine Rückgabe oder Entschädigung der Alteigentümer. Das sieht man bis heute: Das Kulturforum konnte zum Beispiel nur entstehen, weil der sozialdemokratische Senat unter Willy Brandt ohne Rücksicht auf Alteigentümer planen konnte, ähnlich wie auf der anderen Seite der Mauer die Planer für die Hauptstadt der DDR.

**Was war Ihre gesetzliche Planungsgrundlage?** Der Paragraf 34 Baugesetzbuch, der besagt, dass ein Bauvorhaben zulässig ist, wenn es sich in die Eigenart der näheren Umgebung einfügt und die Erschließung gesichert ist.
**Und zwei Stockwerke höher – das wäre nicht mehr „einfügen" gewesen ...** So ist das, aber im Einzelfall sind Ausnahmen möglich. Die Beurteilung hängt von der Interpretation des jeweiligen Baudezernenten ab. Das sieht man ja in den Berliner Bezirken. Da sind Neubauten oft zwei Stockwerke höher als die benachbarten Altbauten.
**Hätten Sie den Spielraum gehabt, in der Friedrichstadt drei Stockwerke mehr zu genehmigen?** Im Einzelfall durchaus. Es gab ja allgemein den Willen, mehr Ausnutzung zu erlauben. Aber höhere Häuser in der barocken Innenstadt – das wollten weder mein Bausenator Wolfgang Nagel noch ich.
**Hat Sie damals die Heftigkeit der Kritik an Ihren Vorgaben überrascht?** Ja. Ich war ja ein Kind der IBA, der Internationalen Bauausstellung der 1980er-Jahre. In der Zeit erhielt ich meine Grundausbildung im Städtebau: also Stadt erhalten, Gebäude nicht abreißen; den Stadtgrundriss rekonstruieren und Baulücken mit moderner Architektur schließen. Damals war der allgemeine Konsens. Aber nach dem Fall der Mauer gab es dann plötzlich viele, die meinten, jetzt sei die einmalige Gelegenheit, auf den vorhandenen Brachen der Innenstadt etwas ganz Anderes zu machen. Alle Prognosen sagten, Berlin werde in kurzer Zeit auf fünf Millionen Einwohner wachsen. Selbst ein IBA-Mann wie Vittorio Magnano Lampugnani organisierte Anfang 1990 mit dem Deutschen Architekturmuseum in Frankfurt a. M. einen Ideenwettbewerb mit internationalen Stararchitekten, die alle für „Berlin morgen" irgendwas gemalt haben. Think big. Das lag an der Erotik der Situation: Am Potsdamer Platz war nichts, der Spreebogen war leer, die Friedrichstadt dämmerte vor sich hin, der Friedrichswerder war eine Sandwüste! Und ich kam da mit parzellierter Bebauung, Mischung und Traufhöhe und

der Geschichte der Stadt. Das war Welten entfernt von den Ideen von Coop Himmelblau, Norman Foster, Zaha Hadid, Herzog & de Meuron, Ungers etc.

**Was motivierte Ihre Gegner?** Überrascht hat mich vor allem, dass meine Ideen von Intellektuellen so radikal bekämpft wurden. Bausenator Nagel und ich hatten als alte linke Sozialdemokraten eher damit gerechnet, dass uns die „Kapitalisten" kritisieren – wie es etwa von Debis am Potsdamer Platz ja auch geschah.

**Woher kam der Furor der Intellektuellen? Die Zeitschrift *Arch+* machte eine Ausgabe „Neuteutonia", die suggerierte, Ihre Planungen knüpften an das Dritte Reich an.** Ich weiß es nicht, aber es war wohl die Sehnsucht nach Avantgarde. Ich habe Arch+ immer geschätzt für die stadt- und architekturtheoretischen Beiträge. Die Redaktion war aber offensichtlich nicht geschockt von den selbstbewusst auftretenden Investoren, sondern von meinen Vorgaben zur Genehmigung und meinen Kernbegriffen wie Stadtgrundriss, Geschichte, Tradition, Stein als Fassadenmaterial. Im Grunde kam der Hauptwiderstand aus den Feuilletons der Tagespresse, anfangs auch von der Berliner Zeitschrift Bauwelt.

**Welche Fehler haben Sie gemacht?** Der Senat hätte stärker darauf achten müssen, die Grundstücke kleiner zu machen. Statt dessen kamen die ehemals volkseigenen Grundstücke blockweise auf den Markt. Das entsprach nicht dem Charakter der im Barock angelegten Friedrichstadt. Die großen Bürobauten und Kaufhäuser befanden sich vor dem Krieg ja eher am Alexanderplatz und am Potsdamer/Leipziger Platz. Diesen typologischen und atmosphärischen Unterschied, dass die Friedrichstadt ein alter Teil Berlins ist, den haben wir nicht genügend beachtet.

**Als besonders misslungen gilt vielen das neue Viertel um den Hauptbahnhof.** Das kann ich nachvollziehen, aber das Quartier ist immer noch eine Insel, es fehlt der Kontext, und das wird wohl auch so bleiben. Da stehen der Hauptbahnhof, ein paar Hotels und Bürobauten. Wenn ich heute zu entscheiden hätte, würde ich sagen: Wir müssen auch den inneren Spreebogen bebauen, der jetzt ein Park ist – sonst versteht man den Standort des Bahnhofs nicht. Bahnhöfe waren immer Ankunftsorte zur Stadt, aber wer den Hauptbahnhof Berlins in Richtung Reichstag verlässt, geht durch einen Park. Dort müsste sich aber ein Stadtviertel anschließen. Sonst wird der Hauptbahnhof immer dastehen wie ein Ikea-Markt.

**Würden Sie heute noch von einer „Berliner Schule" in der Architektur sprechen?** Es gibt nicht eine Berliner Schule. Die Architekten sind ja bis heute gespalten, was ihr Verhältnis zu Berlin betrifft. Die einen sehen sich in der Tradition Schinkels und Messels, einer traditionellen Moderne. Mit Gropius und Hilberseimer begann dann in den 1920er-Jahren das Aufbrechen und Neuerfinden der Stadt und der Gesellschaft, was dann die Nachkriegsmoderne bestimmte. Auf diese Tradition bezieht sich die andere Denkrichtung. Das Erstaunliche an Protagonisten wie Gropius war ja, dass sie das alte Griechenland kannten und die Schönheit der Städte Italiens bewunderten, aber dennoch etwas vollkommen Neues wollten. Dieses Muster findet man bei Architekten ja bis heute.

**Warum war es so wichtig, bei den Fassaden Naturstein, Putz oder Ziegel zu bevorzugen?** Wer eine Ziegelfassade macht, landet beim Handwerk. Der ist weg von der industriellen Vorfertigung. Das war ja das große Thema der Moderne: die Industrialisierung des Bauens, etwa bei Le Corbusier und seiner „Wohnmaschine" bis zu den Plattenbauten der DDR.

**Warum war das schlecht?** Weil damit das Thema „Haus" verlassen wurde. Man muss wieder weg von der Typologie der Vorfertigung von Bauteilen, hin zur Typologie von Häusern. Wohin das sonst führt, konnte man im Extrem beobachten bei den Plattenbau-Serien der DDR mit ihren Abkürzungen „P2" oder „WBS 70" – das klingt wie ein Apple-Computer. Diese vorgefertigten Häuserzeilen sind an nichts gebunden, die könnte man 100 Kilometer lang bauen. Der Hausbau dagegen ist an den Ort gebunden, an das Grundstück, an den Kontext.

**Warum wollten Sie keine Glasfassaden?** Bei Wohnhäusern vertritt ja bis heute niemand die These, dass es sich besser in Häusern mit Glasfassaden lebt, d.h. es handelt sich um eine Problematik von Bürohäusern, und darum ging es in der Friedrichstadt. Ich konnte mir nicht vorstellen, dass man durch eine Innenstadt geht, die komplett aus Glasfassaden besteht, die sich gegenseitig spiegeln und nicht alt werden können. Ein Haus muss Patina annehmen können. Das geht nur mit Ziegeln, Naturstein oder Putz. Ich bin von italienischen Städten geprägt, aber auch von meiner Heimatstadt Lübeck und Hamburg. Man ist doch hingerissen von den alt gewordenen Häusern, an denen man Geschichte ablesen kann. Aber Material ist nicht alles: Wenn ein Gebäude den gesamten Block ausfüllt, wird es schwierig, es als Haus wahrzunehmen.
**Was sollte auf der letzten großen „Baustelle" Berlins passieren, der ehemaligen Altstadt zwischen Alexanderplatz und Schloss?** Dass Sie „Altstadt" sagen, ist für viele ja schon eine Provokation. Die meisten Planer der Stadt reden bis heute lieber vom „Freiraum um den Fernsehturm", da wird alles vor den 1960er-Jahren ausgeblendet. Wenn es dort nicht die Kirche St. Marien gäbe, würde man denken, man ist in Kaliningrad oder sonst wo. Dabei ist dies der Gründungsort Berlins. In der Nähe steht das Rathaus, und alle unsere geistigen Heroen haben dort gewohnt und gelebt. Sankt Marien, die schönste Kirche Berlins, steht nicht mehr am Neuen Markt, sondern in einer Grube, dahinter ragt der Fernsehturm in die Höhe, und daneben stehen Marx und Engels – das klingt doch wie eine Beschreibung aus einer Satirezeitschrift. Auch wenn man nicht leidenschaftlicher Christ ist, verlangt der Respekt vor dem Ort und seiner Geschichte, dass die Kirche ihren Maßstab wiedergewinnt – mit dem Neuen Markt. Wenn man das nicht einmal aussprechen kann, dann ist Berlin in der Tat eine Stadt ohne Erinnerung – oder diese beginnt erst 1945. Und das Rathaus braucht natürlich einen gefassten Platz davor. Und natürlich braucht das einstige Schloss, das künftige Humboldt-Forum, auf dem gegenüberliegenden Ufer

der Spree ein bürgerliches Pendant, Wohnhäuser, natürlich in moderner Architektur.

**Wie soll die Politik das anpacken? Sie galten eher als Autokrat, heute sind „dialogische Prozesse" en vogue?** Gegen einen Dialog kann man nichts haben. Aber jeder weiß aus der Familie oder dem öffentlichen Leben: Ein Dialog hat nur Sinn, wenn unterschiedliche Positionen vorhanden sind. Die Politik kann doch nicht nur abfragen, was die Leute sich so vorstellen. Das halte ich für fatal, das ist politisch-konzeptionelle Impotenz. Ich verstehe nicht, warum der Senat als Hypothese nicht eine Meinung formuliert. Der Regierende Bürgermeister könnte doch sagen: Ich bin kein Fachmann, aber ich kenne viele Städte der Welt, und ich stelle mir hier Dasunddas vor. Darüber könnte man dann streiten. Ich nehme heute aber gar keine Position des Berliner Senats wahr. Was ist so schwer an einem Satz wie: „Der Schlossbrunnen muss wieder an den Schlossplatz" oder „Stankt Marien braucht den Neuen Markt". Stattdessen winden sich alle und sagen, das seien schwierige Fragen, darüber müsse man erst mal einen Dialog organisieren.

**Sozialer Wohnungsbau war für Sie kein großes Thema. Heute ist er es wieder.** Gegen sozialen Wohnungsbau ist angesichts des neuen Wachstums nichts zu sagen. Aber wir reden eigentlich über öffentliche Subventionen für relativ wenige Wohnungen. Die große Mehrzahl der neuen Wohnungen wird – wie in den letzten 25 Jahren – von privaten Wohnungsbauunternehmen errichtet. Und die bauen ja ordentliche Sachen. Das eigentliche Problem stellt sich anders: Es gibt nur zwei große Akteure: die kommunalen Wohnungsbaugesellschaften und die privaten Projektentwickler. Was fehlt, das sind die mittelständischen „Bauherren".

**Weil die besser bauen?** Der öffentlich geförderte Wohnungsbau ist historisch das Produkt der Industriegesellschaft des 19. Jahrhunderts. Die Fabrikarbeiter wohnten in den Hinterhöfen, und dann kamen die Sozialdemokraten, um die Wohnungsfrage zu lösen. Das war das Thema des 20. Jahrhunderts. Heute haben wir in

Berlin aber mehr Studenten als Industriearbeiter. Die Zeit ist überreif, jetzt den Genossenschaftsgedanken wieder zu aktivieren, damit sich Individuen in der Stadt verankern. Vor dem Hintergrund der Erwerbsbiographien der neuen Berliner brauchen die Menschen künftig mehr Wohneigentum. Deshalb sollte der Staat auch Individuen fördern und Grundstücke günstig anbieten.

**Bauen private Bauherren schön?** Das kann man so generell nicht sagen. Die privaten Bauherren in der Nachkriegszeit haben in West-Berlin auch nicht schöner gebaut als der Staat. Außerdem gab es ja für die Privaten staatliche Zuschüsse oder steuerliche Vorteile. Das blieb so bis in die IBA-Zeit. Nie wurde für einen freien Markt gebaut. Das ist erst seit der Wende anders und zwar in ganz Berlin. Heute gibt es eine Nachfrage, die nicht mehr befriedigt werden kann mit der klassischen Idee des sozialen Wohnungsbaus. Die neuen Bürger sind nicht wohlhabend, aber auch nicht sozial schwach, voller Mut, sich in Berlin zu engagieren und zu etablieren, und denen bietet die Stadt zu wenig.

**Käme denn da etwas ganz Anderes heraus, etwas Besseres?** Nur dann, wenn man ihnen nicht nur Eigentumswohnungen in großen Blöcken anbietet, sondern Grundstücke für ein Haus mit maximal vier Geschossen – wie bei den Townhouses gegenüber dem Auswärtigen Amt am Friedrichswerder, dem Musterbeispiel aus meiner Amtszeit. Da stehen nebeneinander ein Haus von Hans Kollhoff, ein Glashaus von Grüntuch und Ernst und eins, das aussieht wie ein Kühlschrank. Das zeigt die Bandbreite des heutigen Geschmacks. In der Philharmonie im Block A sitzen auch Leute im Kapuzenshirt. Aber was die silberhaarigen Damen und die Turnschuhträger zusammenführt, ist das gemeinsame Musikerlebnis.

**Was wäre das Pendant im Städtebau?** Wir sind wie die Bürger am Friedrichswerder. Der eine träumt von einem neoklassizistischen, weißen Haus – und der andere von etwas Zeitgeistigem aus Stahl und Glas. Das Gemeinsame ist, dass sie Nachbarn sind und sich gemeinsam um ihr Quartier kümmern. Der Senat hätte z.B. für den Rand des Tempelhofer Feldes 800 Grundstücke anbieten müssen für die viel beschworene Generation der Start-ups, die dort ein Haus bauen wollen. Das wäre eine Chance gewesen, dieses Kribbelige, das man überall in der Stadt spürt, in Architektur umzusetzen.

**Jetzt plädieren ausgerechnet Sie für „kribbelige" Architektur? Die „kribbeligen" jungen Leute leben doch gern im uralten Scheunenviertel oder in Prenzlauer Berg, dem besterhaltenen Quartier des 19. Jahrhunderts in Berlin.** Sicher, auch das. Aber es gibt auch am Prenzlauer Berg Baulücken, die diese Leute mit zeitgenössischer Architektur füllen. Dieses neue Bürgertum in Berlin hat zu wenig Orte, an dem es sich ausprobieren kann – so wie das einst die damaligen Mittelschichten getan haben, als sie in die Quartiere des Neuen Westens zogen. Die sozial Schwächsten brauchen den sozialen Wohnungsbau, aber die neue, junge Mittelschicht braucht solche Areale, um sich auszuprobieren. Meine SPD hat dafür kein Gefühl. Wir haben neulich in einem Facharbeitskreis über die aktuelle Wohnungsfrage unter dem Titel „Mieterstadt Berlin" diskutiert. Da habe ich gesagt: Das stimmt zu 90 Prozent, aber „Mieterstadt" ist noch kein Programm, das ist nur Statistik. Lasst uns doch schreiben „Wohnungsbaupolitik für Berlin". Daraufhin gab es eine Kampfabstimmung, die knapp für die „Mieterstadt" ausging – so kommt es ins Wahlprogramm. Ich habe dann gefragt, wer von den Anwesenden in einer Eigentumswohnung lebt, das war die große Mehrheit. Die meisten haben heute den Wunsch, eine Wohnung zu kaufen, um Sicherheit zu haben in diesen unruhigen Zeiten. Aber Eigentumswohnung und SPD, das passt immer noch nicht zusammen.

**Zum Schluss bitte ein paar kurze Antworten. Gibt es ein Gebäude in Berlin, das Sie gern abreißen würden?** Das „Neue Kreuzberger Zentrum" aus den 1960er-Jahren am Kottbusser Tor, das zerstört dort die ganze Stadtstruktur. Es ist einfach zu hässlich.

**Eine verkannte Leistung von Ihnen?** Das Planwerk Innenstadt. Es war der Versuch, beide Stadthälften zusammenzudenken in einer langfristigen Perspektive. Berlin ist ja in vielem immer noch geteilt. Sie merken das zum Beispiel, wenn Sie in die Philharmonie im ehemaligen Westteil oder ins Konzerthaus im ehemaligen Ostteil gehen.

**Und Städtebau kann das ändern?** Nicht sofort. Aber man muss die Orte wieder für alle attraktiv machen. Solange die West-Berliner sagen, die alte Stadtmitte liegt in „Ost-Berlin“, ist noch viel zu tun.

**Die stärkste Architekturepoche in Berlin?** Die frühe Moderne vor dem Ersten Weltkrieg, die Reformarchitektur, die sich emanzipierte von den Hinterhöfen, aber noch an traditionellen Formen der Stadt festhielt.

**Der großstädtischste Ort in Berlin?** Schwer zu sagen. Aber wenn die Straße Unter den Linden wieder betretbar ist, wird sie wahrscheinlich die großstädtischste Straße der Stadt werden.

**Ist Schönheit wichtig für eine Stadt?** Auf jeden Fall, das ist seit dem Renaissance-Theoretiker Leon Battista Alberti ein Essential. Aber in Berlin ist Schönheit das Nicht-Thema, obwohl so etwas wie die Schönheit der Großstadt existiert.

**Warum diese Verweigerung?** Ich glaube, das hat etwas zu tun mit den politischen Verletzungen und Brüchen. Wie sonst kann man sich die „Ästhetisierung“ des Kulturforums oder des aktuellen Zustandes der Freifläche um die Marienkirche im Herzen der Stadt erklären? Hier will sich niemand erinnern, weil das zu sehr schmerzt, und Schönheit ist Erinnerung.

*Das Gespräch von Rainer Haubrich und Hans Stimmann erschien unter der Überschrift „In Berlin ist auch vieles schiefgelaufen“ am 15. November 2015 in der Online-Ausgabe der* Welt*; in der Zeitung von diesem Tag war eine kürzere Fassung zu lesen.*

## Studentenrevolte und Baukultur

# Die Achtund-sechziger haben unsere Altbauten gerettet

Das Jahr 1968 steht auch 50 Jahre später für das Aufbegehren der jungen Generation gegen die Moral und Politik des damaligen Establishments. Die Architektur dieser Zeit in der Bundesrepublik und in West-Berlin blieb bei den Protesten aber weitgehend ausgeklammert.

Dabei hätte sie genug Anlass dazu geboten: etwa die Großsiedlungen der gewerkschaftseigenen Neuen Heimat, die Kahlschlagsanierungen in den Gründerzeitquartieren oder die zahlreichen brutalistischen Neubauten aus Sichtbeton.

Zwar wurde damals von Architekturstudenten das renditeorientierte Planen und Bauen der Immobilienwirtschaft und die Vergabepraxis der in den Städten regierenden SPD kritisiert. In einem Manifest forderte man u.a. die „Beteiligung aller Betroffenen an jeder Art von Planung, wissenschaftliche und gesellschaftlich orientierte Bedarfsermittlung und die gesellschaftliche Verfügung über Grund und Boden“. Aber Forderungen zur Architektur selbst wurden nicht erhoben.

Dabei lagen seit 1966 die theoretischen Grundlagen für eine Umorientierung vor: Aldo Rossis Buch „Die Architektur der Stadt“ und Robert Venturis „Komplexität und Widerspruch in der Architektur“, die beide längst zu Klassikern geworden sind. Diese Veröffentlichungen wurden aber nicht registriert – und sie wären wohl auch nicht verstanden worden.

Dass Venturi unter dem Eindruck italienischer Innenstädte und Kirchenbauten mit ihren vielfältigen Anpassungen, Umbauten und Umnutzungen gegen „die „Borniertheit der orthodoxen modernen Architektur und Stadtplanung“ wetterte, blieb ungehört. Für „Komplexität und Widerspruch“ in der Architektur war die Zeit noch nicht reif. Das vollzog sich zuerst auf dem Gebiet der Rock- und Jazzmusik. Hier verschmolzen Elemente des Blues Rock und Jazz, die Musiker benutzten elektronisch verstärkte Instrumente und propagierten neue Inhalte.

Wahrscheinlich hörte man in den Wohngemeinschaften neben Bob Dylan auch solche mit den damaligen Konventionen brechende Musik, aber ansonsten studierte man Architektur in Aachen, Berlin, Braunschweig, Darmstadt, Hannover, München und Stuttgart bei Hochschullehrern, die Großsiedlungen mit Wohnmaschinen entwarfen oder zusammengesteckte „Metastädte“ als Alternative zur traditionellen Stadt, die Betonmonster als neuesten Stil der Baukunst verkauften und in Übereinstimmung mit den Stadtregierungen die Entkernung der Altstädte und vor allem die Abrisse der gründerzeitlichen Stadtviertel betrieben.

Dazu gehörte auch die Lehre und Praxis des einflussreichen Oswald Mathias Ungers, der als Professor an der TU Berlin Alternativen zu traditionellen Stadtstrukturen entwerfen ließ. Er selbst realisierte seine architektonischen Vorstellungen in Form einer Wohnmaschine mit 1450 Wohnungen im Märkischen Viertel. Seine Vorlesungen und Seminararbeiten, die von der Autonomie der Architektur ausgingen, beeinflussten viele Architekturstudenten, blieben aber ohne inhaltlichen Bezug zu den politischen Protesten. Nach den Vorlesungen protestierte man gegen die Notstandsgesetze oder den Vietnamkrieg.

Diese Trennung von Politik und Beruf war typisch für eine große Zahl damaliger Studenten und einiger Assistenten. Sie blieben selbst in Berlin gänzlich unbeeindruckt von der Forderung Aldo Rossis, dass sich die Architektur der Stadt in eine Beziehung zur vorhandenen Stadt und ihrer Geschichte begeben müsse, ebenso wie von dem 1964 erschienenen Pamphlet „Die gemordete Stadt" von Wolf Jobst Siedler.

Folglich steht das Jahr 1968 eher für eine Kulturrevolution, in der sich Fragen der großen politischen Konflikte mit einem geänderten Lebens- und Kleidungsstil mischten, die aber die Architektur ausklammerte. Das Zentrum der Konfliktaustragung waren die Hörsäle und Straßen West-Berlins. Die Studenten der FU und TU entdeckten die preisgünstigen, von ihren Architekturprofessoren und vom SPD-geführten Senat zum Abriss vorgesehenen Altbauwohnungen, weil sie Möglichkeiten boten für Experimente alternativer Lebensstile.

Das Epizentrum der Achtundsechziger war Frankfurt am Main. Dort gab es zwar keine Architekturfakultät, aber eine besondere Konstellation von politischer, kultureller und wirtschaftlicher Milieubildung. Frankfurt war nicht nur der Sitz der US-Airbase, des AFN und der Jazzmusik, der Bundesbank, der IG Metall, der *Frankfurter Allgemeinen Zeitung* und *Frankfurter Rundschau* und des Instituts für Sozialforschung, sondern wurde auch von Vertretern der linken SPD regiert.

Als mit den Alltagsaufgaben des Wohnungsbaus beschäftigter angestellter Architekt erlebte ich hier die Zeit um 1968 zunächst als Phase der Politisierung jenseits der Architektur. Meine Kritik richtete sich also nicht gegen das inzwischen abgerissene brutalistische Technische Rathaus auf dem Römerberg oder die Wohngebirge der Nordweststadt, sondern gegen den Krieg in Vietnam, gegen die Notstandsgesetze und gegen das Verschweigen der NS-Vergangenheit in der Generation meiner Eltern.

1969 bin ich in die SPD eingetreten, weil ich dachte, man müsse sich politisch betätigen. Der zum Bundeskanzler gewählte Willy Brandt und der Frankfurter Oberbürgermeister Rudi Arndt im „roten Hessen" waren für mich Personen, die Hoffnung auf politische Veränderungen verkörperten.

Damit unterschied ich mich auch als Juso von weit radikaleren Positionen der Frankfurter Studenten. Auf mein Berufsleben hatte das politische Engagement aber keinen Einfluss. Mein Wissen über die Architektur der europäischen Stadt habe ich mir damals auf Reisen und durch stadtsoziologische Literatur angeeignet.

Meine Bibel war 1968 nicht das Buch von Aldo Rossi und waren schon gar nicht architekturtheoretische Überlegungen für eine Gesellschaft, die sich in Megastrukturen zwischen Verkehrsbändern zu Hause fühlte, sondern Alexander Mitscherlichs Pamphlet „Die Unwirtlichkeit unserer Städte" von 1965. Er beschrieb als Angehöriger meiner Elterngeneration nicht nur die „niederdrückende" Realität der aktuellen Städtebauprojekte, sondern kritisierte auch die Formen des Wiederaufbaus: „geplante Slums, die man gemeinhin sozialen Wohnungsbau nennt".

Er sah als Wurzel allen Übels das Privateigentum an Grund und Boden, forderte die Trennung von Boden und Bauwerk und erlaubte sich schließlich die heute wieder aktuell gewordene Reflexion über die Sehnsucht nach Heimat im Sinne von „dauerhaften Beziehungen zu Menschen und Dingen".

Weitere Anstöße, das Thema der Stadtproduktion neu zu denken, gab mir das 1968 erschienene Buch „Humaner Städtebau" des Stadtsoziologen Hans Paul Bahrdt. Er plädierte schon damals für die erst nach 1989 aktuell gewordene Nachverdichtung der Innenstädte, forderte eine Vielfalt der Haustypologien, die Zusammenarbeit von Soziologen und Planern und verstand Stadtplanung als politisches Handeln.

Die politische Atmosphäre und solche Schriften waren für mich der Anlass, die konventionelle Arbeit am Zeichenbrett zu beenden, um die gesellschaftlichen Bedingungen des Bauens zu verändern. Die TU Berlin bot mir diese Möglichkeit. Hier konnte ich in der gerade fertiggestellten Architekturfakultät am Ernst-Reuter-Platz ohne Abitur Stadtplanung studieren.

Das bedeutete nicht klassischen Städtebau, es ging um System- und Kapitalismuskritik, um eine politisch-ökonomische Lösung der Wohnungsfrage, um Soziologie und Planungstheorie. Ohne eine eigene Idee zur architektonischen Form zu haben, waren die Planer in Berlin gegen das Märkische Viertel, gegen die Autobahnüberbauung Schlangenbader Straße, gegen Abrisse in Kreuzberg und den autogerechten Stadtumbau – und natürlich für die Beteiligung der Betroffenen an der Planung.

So wurde ich durch das Studium der Stadt- und Regionalplanung Anfang der siebziger Jahre zu einem typischen Achtundsechziger, der nicht mehr bauen, sondern Abrisse und monströse Architekturprojekte verhindern wollte. Der aber vor allem davon überzeugt war, dass man die Unwirtlichkeit der Städte überwinden musste und dass sich die Entwicklung steuern ließe mit Raumordnungs-, Flächennutzungs- und sektoralen Entwicklungsplänen.

Die Achtundsechziger glaubten an die Planbarkeit der Gesellschaft, hatten aber gleichzeitig nicht mehr die Kompetenz, die Stadt als Architektur zu begreifen und bauend zu verändern. Davon haben sich Städtebau und Architektur nur langsam wieder erholt.

Die Wege zurück zur Schönheit von Architektur und zur Geschichte der Stadt haben nicht die Achtundsechziger-Studenten gefunden, sondern Architekten der Generation, die in den späten fünfziger Jahren Architektur studiert hatten und schon in den frühen siebziger Jahren im Rahmen von Stadterneuerungsprojekten den historischen Stadtgrundriss als Basis wiederentdeckten. Wichtige Beispiele waren die Sanierung der Altstadt in Karlsruhe durch Hilmer & Sattler oder der Block 270 in Berlin-Wedding von Josef Paul Kleihues, die erste geschlossene Blockbebauung seit dem Zweiten Weltkrieg.

Diesen Anfängen folgte 1973 die erste Stadterneuerung im gründerzeitlichen Bestand in Berlin-Charlottenburg durch Hardt-Waltherr Hämer. Aus dieser geänderten Haltung zur historischen Bausubstanz erwuchs in Berlin nach 1970 das Projekt der Internationalen Bauausstellung (IBA) mit der „behutsamen Stadterneuerung" und der „kritischen Rekonstruktion". Möglich wurde dieser Wandel vor allem durch Bewohnerproteste, die verstärkt wurden durch eine eher konservative Kritik an den städtebaulichen Leitbildern und Architekturvorstellungen der sechziger und siebziger Jahre.

Gebaut wurde in der Zeit nach 1968 viel – aber eben von den Altvorderen. In Berlin etwa das Einkaufszentrum Forum Steglitz, der Flughafen Tegel, das Kudamm-Eck, das ICC oder der „Sozialpalast" am Kleistpark. Die Generation der Achtundsechziger selbst hat kaum Gebautes hinterlassen.

Geblieben ist ihre Kultur des Protestes gegen Hausabrisse und Neubauten, die Rehabilitierung der vormodernen Stadt und die Wiederentdeckung der Qualität öffentlicher Straßen, Plätze und Parkanlagen – nicht nur zum Demonstrieren, sondern für das ganz alltägliche Leben.

*Hans Stimmann veröffentlichte den Aufsatz mit dem Titel „Studentenrevolte und Baukultur. Die Achtundsechziger haben unsere Altbauten gerettet" in* Die Welt *vom 17. Mai 2018.*

# Desaster, Karikatur oder doch recht gut gelungen?

## Wettbewerbsentscheidung Potsdamer Platz 1991

Im September hat Berlin gewählt. Anders als im Oktober 1946 – bei der letzten Wahl vor der Teilung der Stadt – fanden sich in den Programmen der Parteien kaum noch unterschiedliche Aussagen zur Stadtentwicklung und Architektur. Alle Parteien plädierten für eine „lebendige" Innenstadt auch als Wohnort mit sozialer und funktionaler Mischung, vor allem aber für mehr „bezahlbare", also subventionierte Wohnungen. Selbst beim Thema Verkehr herrschte mit Ausnahme kontroverser Positionen zum Weiterbau der Stadtautobahn A100 politischer Konsens über den Bau von mehr Radwegen. Debatten gab es vor allem über Integration und Sicherheitsfragen.

Parteipolitisch gefärbte Bilder einer grundsätzlich anderen Stadt fanden sich selbst da nicht, wo es die Fragmente städtebaulicher Planungen der geteilten Stadt – wie im historischen Zentrum oder im Kulturforum – zuließen. Betrachtet man die Positionen der Fachverbände der Architekten, der Bauindustrie, der

Wohnungswirtschaft, aber auch der Kulturkritik, ergibt sich ein ähnliches Bild. Von lokalen Auseinandersetzungen über das Pro und Contra einzelner Hochhäuser abgesehen, herrschte Schweigen. Anders als im Oktober 1991, als der Einzug des Regierenden Bürgermeisters ins Rote Rathaus als das symbolische Zeichen der wiedervereinigten Stadt gefeiert wurde, erwarten die Wähler vom neu gewählten Senat auch keinen neuen Aufbruch, sondern vor allem, dass ordentlich verwaltet wird. Das war vor 25 Jahren am 2. Oktober 1991, an dem Tag, als die Jury über die Zukunft der wiedervereinigten inneren Peripherie des Potsdamer- und Leipziger-Platz-Areals entschied, grundsätzlich anders. Hier, zwischen der politisch begründeten Gebäudeansammlung des West-Berliner Kulturforums, den Mauerresten und der Wilhelmstraße, waren wie nirgendwo sonst die Folgen des Kalten Krieges sichtbar.

Der im Januar 1991 gewählte schwarz-rote Senat der wiedervereinigten Stadt sah sich vor die Aufgabe gestellt, der Innenstadt – einem gespenstisch leeren Ort höchster historischer Komplexität, an dem sich die jüngere politische und architektonische Geschichte überlagerten – eine neue Rolle zu geben. Eine fast unlösbare Aufgabe, denn die Quellen für den Mythos des Doppelplatzes – der Potsdamer Bahnhof, das kommerzielle Zentrum des Leipziger Platzes und das politische Zentrum der Wilhelmstraße – waren versiegt.

Der immer wieder gemalte, fotografierte und beschriebene großstädtische Betrieb am Potsdamer und am Leipziger Platz wurde schon vor dem Krieg ausgelöscht. Es begann mit den „Arisierungen“ des NS-Regimes, der Achsenplanung von Speer, es folgten die Bombenzerstörungen, der Mauerbau, der Abriss des Bahnhofs und die Planungen und Bauten für ein „stadtlandschaftlich“ geprägtes Kulturforum, das zur Mitte hin abgetrennt wurde durch eine Nord-Süd-Stadtautobahn. Im Juli 1990 kam noch der Verkauf der westlich der Mauer gelegenen Grundstücke durch den rot-grünen Senat an den Automobilkonzern Daimler-Benz hinzu – ein Sündenfall, der alle Hoffnungen auf eine lebendige, kleinteilige Stadt, in der sich soziale Diversität und bürgerliches Engagement abbilden könnten, zugunsten der ökonomischen Großform eingestampft wurden. Es war ein Grundstücksgeschäft, das auch wegen fehlender städtebaulicher Planungen schnell als „Jahrhundertfehler" (so Manfred Sack in der *Zeit*) eingestuft wurde.

Der Verkauf von ehemals 200 Grundstücken an die Daimler-Benz AG und etwas später an Sony, ABB und Hertie geschahen in dem Irrglauben, man müsse zuerst die „Bodenfrage lösen", um dann mit dem richtigen Partner die Vorstellung einer Stadt der Moderne zu realisieren. So entstanden bekanntlich nach 1945 die innerstädtischen Siedlungsbauten, dann die Großsiedlungen, die Shopping- und Entertainmentcenter – und auch das westlich von Mauer und geplanter Stadtautobahn gelegene Kulturforum. Eine Wiederholung des Jahrhundertfehlers war nach 1989 im östlich der Mauer gelegenen Wettbewerbsareal am Leipziger Platz nicht möglich, da hier nach den Vorgaben des Einigungsvertrages die volkseigenen Grundstücke restituiert werden mussten. Zur Überwindung dieser außergewöhnlichen Ausgangslage reagierte der Senat unter der Überschrift „Potsdamer Platz/Leipziger Platz" im Juni 1991 mit der Auslobung eines städtebaulichen Wettbewerbs für das 480000 Quadratmeter große Areal zwischen Wilhelmstraße und der das Kulturforum begrenzenden Stadtautobahnstraße.

## Sehnsucht nach der Stadtkulisse

Das als Antwort auf den Mauerbau entstandene Kulturforum blieb ausgeklammert. Die fünfzehnköpfige Jury entschied sich am 2. Oktober 1991 mit elf zu vier Stimmen für den sich explizit auf die Tradition der europäischen Stadt setzenden städtebaulichen Entwurf der Münchener Architekten Hilmer & Sattler.

Wesentliche Elemente ihres Entwurfes waren die Rekonstruktion und parzellierte Bebauung des Leipziger Platzes, eine Wasserfläche auf den ehemaligen Gleisflächen des Potsdamer Bahnhofs, eine neue Raumfolge mit dem Leipziger Platz, dem neuen Potsdamer Platz und die als Boulevard gedachte Neue Potsdamer Straße, die das Kulturforum einbindet, mit engen, gerade 17,5 Meter breiten Straßen für 35 Meter hohe Blocks mit gemischter Nutzung. Aus dem Rennen war damit nicht nur der von den vier Investoren am Potsdamer Platz in Auftrag gegebene Entwurf des Londoner Architekten Richard Rogers, sondern auch die Entwürfe wie die von Daniel Libeskind und Alsop Störmer, die davon ausgingen, dass die Städte im Internetzeitalter gänzlich andere städtebauliche Antworten erforderten. Die Jury-Entscheidung bildete den Anlass für das, was man später die „Berliner Architekturdebatte" nannte. Dabei ging es um die Frage, ob und, wenn ja, welche Rolle im Zeitalter digitalisierter Kommunikation traditionelle öffentliche Räume spielen, welche architektonische Form der Häuser dafür geeignet sei und ob dabei die Sehnsucht nach Schönheit und die Verankerung in der Geschichte nicht automatisch zu bloßer Stadtkulisse führen müsse.

Wichtiger Motor dieser Debatte wurden die in schneller Folge organisierten Realisierungswettbewerbe der Investoren Daimler-Benz, Sony und ABB für ihre jeweiligen Teilgebiete. Sie kämpften für weniger städtebauliche Bindungen und Wohnanteile von gerade mal fünf Prozent. Der schließlich erzielte politische Kompromiss zwischen Senat und Investoren reduzierte den Entwurf von Hilmer & Sattler auf den Status einer „flexiblen Leitlinie", enthielt aber einen auf 20 Prozent erhöhten Wohnanteil. Das rettete die Stadt nicht vor den Folgen des Jahrhundertfehlers: Was schließlich von mehreren Architekten im Auftrag der Großinvestoren gebaut wurde, waren auf sich selbst konzentrierte kompakte Stadtbrocken ohne Bezug zur vielbeschworenen Komplexität des Ortes, nur zusammengehalten durch ein Tunnel- und Erschließungssystem und Parkhäuser. Was entstand, war eine Kapitulation vor den Ansprüchen der autogerechten Stadt.

In ihren oberirdischen Teilen unterscheiden sich die Quartiere allerdings erheblich. Obwohl Helmut Jahns Entwurf für Sony alle Vorgaben des Senats beachtete, vermeidet er jeden Bezug zum Ort. Aus der Ferne betrachtet stellt lediglich der ellipsenförmige Schirm des Daches eine gelungene architektonische Verbindung zu den benachbarten Scharoun-Bauten her. Der überdachte Innenraum wendet sich vom Boulevard der Potsdamer Straße ab. Die zentrale „Plaza" verbreitet die Atmosphäre eines Raumschiffs.

## Utopie der Wiedergeburt und Areal der Mythen

Auch die von Renzo Piano für Daimler-Benz entworfenen Strukturen wenden sich von der als Boulevard konzipierten neuen Potsdamer Straße ab und konzentrieren sich auf die vom Verkehr befreiten Fragmente der alten Potsdamer Straße, die in einem gutgemeinten Zitat einer Piazza abrupt endet, weil der von dem Architekten hier ursprünglich geplante Durchgang durch die Staatsbibliothek von der Stiftung Preußischer Kulturbesitz abgelehnt wurde. So bleiben die Besucher der traditionellen Einrichtungen des Kulturforums räumlich getrennt von der neuen Welt des Films, der Unterhaltung und des Einkaufens. Pianos Interpretation eines Straßensystems wurde durch den Einbau einer dazu querliegenden, provinziellen ECE-Shopping-Mall, die sich anmaßend „Arkaden" nennt, zerstört. Diese die öffentlichen Straßenräume ignorierende Shoppingwelt wird noch ergänzt durch eine lange Rasenskulptur, die die frühere Zerschneidung der Stadt durch Gleisanlagen nicht als Park aufhebt, sondern als Kunstwerk inszeniert und betont. Hier wird die Utopie der Wiedergeburt Berlins als europäische Stadt zur Karikatur.

Dafür, dass die gesamte Neubebauung des ursprünglichen Entwurfs nicht als Desaster empfunden wird, sorgen die offenen Strukturen und Bauten des Beisheim-Areals, vor allem aber der rekonstruierte Leipziger Platz. Hier entstanden individuelle Bürobauten mit dem vorgeschriebenen Wohnanteil und auf dem Standort des legendären Wertheim-Warenhauses eine Shopping-Mall, die durch eine überdachte Durchwegung zwischen Voß- und Leipziger Straße das als Sitz des Bundesrates genutzte preußische Herrenhaus einbindet. Bis auf ein einziges Gebäude an der Nordwest-Ecke des Platzes ist damit ein Vierteljahrhundert nach der Juryentscheidung aus dem Areal der Mythen, der Projektionen und des Streits ein lebendiger Teil Berlins mit einer eigenen Geschichte geworden.

*Die* Frankfurter Allgemeine Zeitung *veröffentlichte den vorstehenden Text von Hans Stimmann unter der Überschrift „Architekturdebatte: Wie in Berlin Hoffnungen kaputtgemacht werden" am 28. November 2016.*

## Wendezeit IBA

# Zurück zur Architektur der Stadt

Ein kritischer Rückblick auf die Internationale Bauausstellung 1987, ihre Intentionen, Pläne, Bauten und ihre Akteure und die Folgen für die aktuellen Trends zum Thema „Innenstadt als Wohnort" hätte viele Aspekte zu berücksichtigen – planerische, städtebauliche, architektonische, soziale, historische, personelle und politische. Zuerst war die IBA nämlich ein politisches Projekt der SPD-geführten Senatsbauverwaltung um Senator Harry Ristock mit dem Auftrag die „kaputte Stadt [zu ]retten". Mit ihren schließlich übrig gebliebenen beiden Abteilungen Alt- und Neubau samt ihren Direktoren Hardt-Waltherr Hämer und Josef Paul Kleihues hatte sie nach kurzer Zeit allerdings nur noch sehr unterschiedliche praktische Aufgabenstellungen mit jeweils eigenen professionellen und persönlichen Kulturen des Bauens. Schließlich war die IBA 1987 mit der Ausstellung dann noch ein kulturpolitisches Projekt, bei dem gebaute Architektur ausgestellt wurde.

Für mich war die IBA mit den Essentials, vorhandene Bauten prinzipiell zu erhalten und neue Häuser nur in einem städtebaulichen Kontext zu erlauben, wenn sie sich auf den historischen Stadtgrundriss bezogen, sozusagen meine Lehrzeit. Die Gründungsphase der IBA habe ich als Mitarbeiter der Senatsverwaltung für

Bau- und Wohnungswesen erlebt und den weiteren Verlauf dann von außen als wissenschaftlicher Mitarbeiter an der TU Berlin verfolgt. Die Zeit der Gründungsphase (1977/78) war die Hochzeit der Planer, die die Stadt nicht mehr als gebaute Architektur betrachteten, sondern als ökonomisch-sozialen Prozess. Eine Art Versuchsanstalt dafür war die Senatsverwaltung, die sich zwar immer noch Bauverwaltung nannte, aber längst schon zur Stadtentwicklungsverwaltung mutiert war.

In diesen späten siebziger Jahren war ein unübersichtliches Gemenge gut gemeinter ressortübergreifender, prozessbetonter, integrierter, sektoraler Ziel-, Ressourcen- und Aufgabenplanungen entstanden, dessen Koordinationsstelle beim Regierenden Bürgermeister angesiedelt war (Planungsleitstelle). Mit dessen Hilfe wollte der „Regierende“, Klaus Schütz (SPD), Berlin (West) zu einem „Modell einer modernen Großstadt“ ausbauen. Die Planungsleitstelle war der Versuch, einen Ausweg aus dem Planungsgeflecht zu finden, denn es war auch nicht ansatzweise gelungen, mittels des komplexen Instrumentariums der Stadtentwicklungsplanung die anstehenden politischen Probleme zu lösen. Die ressortübergreifend erarbeiteten, aber immer unverbindlichen Lösungsvorschläge hatten lediglich die Diskussion über Probleme befördert, die Probleme selbst aber nicht gelöst. So war ein politischer und planerischer Problemstau entstanden. Der 1975 ins Amt gekommene linkssozialdemokratische Bausenator Harry Ristock reagierte darauf ganz im Geist der Zeit zunächst noch einmal mit einer Weiterentwicklung des Stadtplanungsinstrumentariums. Genannt seien hier nur die Verkündigung einer neuen Netzplankonzeption für ein Westberliner Stadtautobahnnetz (1976), die Ausschreibung der „Strategien für Kreuzberg“ (1977), die Verabschiedung eines „Wertausgleichsprogramms“, einer „Uferkonzeption“ (1978) und der Beginn der Arbeiten an einem „Räumlichen Entwicklungsmodell“ (REM) für Westberlin (seit 1975), die Aufstellung von „Bereichsentwicklungsplänen“ (BEP) u.a. für die

Innenstadtbezirke (seit 1978) sowie die Arbeit an einem Verkehrsentwicklungsplan (VEP) (seit 1976).

REM, BEP und VEP waren jedoch politisch und rechtlich unverbindliche abstrakte Planungen, die ein ganzes Heer von Stadtplanern beschäftigten, jedoch zur Lösung der Probleme nicht beitrugen. Unter der Senatorenschaft des linken Sozialdemokraten Ristock entwickelte sich so das Westberliner Stadtplanungsgeschehen zu einem unentwirrbaren Knäuel sich teilweise widersprechender neuer und alter Planungen, Programme, Absichtserklärungen, Leitlinien, Wettbewerbsergebnisse usw. unterschiedlicher Reichweite und Verbindlichkeiten.

Nach dem Rücktritt von Klaus Schütz im Mai 1977 kam Dietrich Stobbe als neuer „Regierender" (SPD) ins Amt und versprach einen Neubeginn. Dazu gehörte der von ihm und Ristock 1977 propagierte „sorgsame Stadtumbau" (Stadtreparatur) unter dem Motto „Rettet unsere Innenstadt jetzt". Um dieses politische Ziel zu realisieren, wurde Ende 1978 trotz oder wegen der Vielzahl nicht aufeinander abgestimmter Planungsansätze eine außerhalb der Verwaltung angesiedelte Bauausstellung Berlin GmbH – IBA – gegründet. Sie sollte entgegen ihrer Firmenbezeichnung vor allem planerische – und das waren bei der Ungeklärtheit der Vorgaben für die GmbH vor allem auch politische – Aufgaben übernehmen. Die Übertragung politischer und planerischer Aufgaben auf eine Planungs-GmbH war ein Zeichen dafür, dass der Bausenator die Hoffnung aufgegeben hatte, mit seinem Planungsapparat und dem Instrumentarium der Planer die Probleme der Stadterneuerung in Kreuzberg und die der Überplanung der letzten großen innerstädtischen Flächen in der südlichen Friedrichstadt und am südlichen Tiergartenrand einschließlich der Stadtautobahn zu bewältigen. So gesehen war die IBA-Gründung auch Ausdruck linkssozialdemokratischer Stadtpolitik, nicht mehr mit dem Apparat, sondern mit politisch und fachlich kompetenten Personen Beispielhaftes zu realisieren.

Die förmliche Stellung der IBA-GmbH war im Planungssystem nicht genauer definiert. Das Planungssystem der Verwaltung blieb bestehen, die Zuständigkeit von Senat und Bezirken auch. Diese scheinbar unverbindliche Zwitterstellung erklärt sich aus der ihr zugedachten Rolle, auf die die ursprüngliche personelle Struktur der IBA-Spitze zugeschnitten war: An die Spitze der IBA berief der sozialdemokratische Bausenator zwei Sozialdemokraten (Jörg Jordan und Ulrich Pfeiffer). In seiner Doppeleigenschaft als Bausenator und IBA-Aufsichtsratsvorsitzender gedachte er, alle Koordinationsprobleme auf der persönlich-politischen Ebene zu bewältigen; zur Lösung der Stadterneuerungsprobleme wurde der für seine substanzerhaltende Sanierung im Charlottenburger Block 118 bekannt gewordene Architekt Hardt-Waltherr Hämer berufen; die Städtebau- und Architekturaufgaben in der südlichen Friedrichstadt sollten durch zwei Professoren (Oswald Mathias Ungers und Josef Paul Kleihues) im Sinne von „Stadtbau" und „Stadtreparatur" gelöst werden; die Herstellung des stadtplanerischen Zusammenhalts erwartete man durch die Bestellung des Stadtplaners Thomas Sieverts; und verkauft werden sollte das Ganze durch den Architekten und das FDP-Mitglied Lothar Juckel.

Dieser Versuch des Bausenators Ristock, die Lösung von Problemen unterschiedlichen Charakters (Reorganisation seiner Verwaltung, Neuformulierung der Stadterneuerungspolitik, Entwicklung eines Planungs- und Politikkonzepts für die südliche Friedrichstadt und die Gelände der ehemaligen Potsdamer und Anhalter Güterbahnhöfe, Umgang mit der Stadtautobahn Westtangente etc.) im Rahmen einer Planungs-GmbH zu versuchen und dazu die internationale Architektenelite einzuladen, war mit dem Ausscheiden der beiden Geschäftsführer Jordan und Pfeiffer bereits wenige Monate nach dem offiziellen IBA-Start gescheitert. Den politischen Koordinatoren folgten bald darauf die Rücktritte des Architekten Ungers, des Planers Sieverts und des Mannes für die Öffentlichkeitsarbeit, Juckel. Übrig blieben die beiden Architekten Hämer und Kleihues für die Neuausrichtung der Stadterneuerung, für den Stadtneubau und die Architektur mit der Transformation des Planungssystems in eine städtebauliche Planung.

Gescheitert war damit aber nicht die IBA, sondern das Unterfangen, systematische Politikdefizite der Planungskoordination von oben durch direkten Zugriff zu kompensieren. Das Scheitern dieses ehrgeizigen Ansatzes war ein Teil des Niedergangs der Berliner SPD/FDP-Koalition bis zu den Neuwahlen im Mai 1982. Stobbe musste im Januar 1981 wegen der Garski-Affäre zurücktreten. Ihm folgte der aus Bonn herbeigerufene Jochen Vogel, der in seiner kurzen Amtszeit immerhin die Stadtautobahn-Westtangente beerdigte. Ihm folgte Richard von Weizsäcker (CDU). Seine Regierung übernahm die Rest-IBA und verteilte sie auf zwei Ressorts: Der Senator für Bau- und Wohnungswesen wurde zuständig für die Altbau-IBA (Hämer) und der neue Senator für Stadtentwicklung für den Neubaubereich (Kleihues). Die neue Regierung vertagte die Bauausstellung von 1984 auf 1987.

Die Bilanz der auf die beiden Themen reduzierten IBA ist trotz des Scheiterns der ursprünglich in sie gesetzten utopischen Erwartungen nicht negativ: Die vor allem in der Fachöffentlichkeit über den Kleihues-Plan zur städtebaulichen Rekonstruktion der Innenstadt geführte intensive Diskussion und die Resonanz dieser Diskussionen in den Medien hat die offensichtlichen Defizite und Schwächen der Stadtentwicklungsplanung, ihrer Ziele, Methoden und Instrumente, wie sie seit 1970 in Westberlin gehandhabt wurde, bloßgelegt und der gänzlich aus der Praxis verschwundenen städtebaulichen Planung eine Renaissance verschafft.

Die Hauptschwäche der bis dahin praktizierten Stadtentwicklungsplanung lag darin, dass es nicht gelang bzw. gar nicht beabsichtigt war, die aus den zahllosen Analysen sektoraler Planungs- und Entscheidungsprozesse resultierenden Forderungen als architektonische oder städtebauliche Vorstellungen in einem städtebaulichen Plan zu konkretisieren. Jede Planung endete in der Bauleitplanung mit den verbindlichen, aber schwer zu lesenden Bebauungsplänen oder in einem Bauprojekt. Nun war aber gerade die Anschaulichkeit des städtebaulichen Planes von Kleihues Ansatzpunkt für eine Stadtbau-, Kunst- und Architekturdebatte, aber eben auch für eine im engeren Sinne politische Diskussion der ökonomischen und sozialen Voraussetzungen und Konsequenzen seines Planes. Mithilfe eines nach den damaligen Vorstellungen der Profession der Planer völlig unzureichenden stadtbaukünstlerischen Planes, der sich zudem noch auf den historischen Stadtgrundriss bezog, ist etwas erreicht worden, was vom Anspruch her zur klassischen Stadtentwicklungsplanung gepasst hätte: die Politisierung und damit die öffentliche Diskussion über Planungsziele und Maßnahmen des Bauens in der Stadt.

Der Altbau-IBA unter der Leitung von Hämer ist es gelungen, die Praktiken und Mechanismen der bis dahin üblichen Stadterneuerungspraxis infrage zu stellen und Beispiele einer Praxis, die auf die Bedürfnisse der Bewohner und nicht zuerst der Sanierungsträger Rücksicht nimmt, durchzusetzen. Diese Abteilung der IBA hat gezeigt: Behutsame Stadterneuerung und wirkliche Betroffenenbeteiligung sind möglich. Mit den reichlich fließenden Mitteln der Stadterneuerung wurde so der Jahrhundertwechsel im Umgang mit den Altbauten aus dem 19. Jahrhundert organisiert. Während die Praxis der behutsamen Stadterneuerung nach der IBA und vor allem auch nach dem Fall der Mauer gängige und anerkannte Stadterneuerungspraxis geblieben ist, ist die Form städtebaulicher Planung mit präzisen Vorgaben für die Architektur bis heute Gegenstand heftiger Grundsatzauseinandersetzungen bei den Architekten und Planern. Die zum andauernden Streit gehörenden Stichworte heißen Europäische Stadt, Kritische Rekonstruktion des Stadtgrundrisses, Bebauung entlang der Straße, definierte Traufhöhe, Suche nach einer architektonischen Konvention, Reflexion der Geschichte des Ortes.

Bevor ich auf diese besonders nach dem Fall der Mauer (also zwei Jahre nach dem Finale der IBA 1987) geführte Debatte kurz eingehe, will ich auf zwei zu wenig beachtete Grundlagen der IBA-Projekte eingehen: Merkmal der IBA-Vorgehensweise bei der „Reparatur und Rekonstruktion der Stadt“ war nicht nur die Wiederentdeckung der in der offenen Stadt der Moderne untergegangenen städtebaulichen Pläne der Berliner Stadterweiterungen aus dem 18. und 19. Jahrhundert und die Methode der stadtbaukünstlerischen Komposition, sondern auch der Abschied von der Wohnmaschine und den Zeilenbauten zur „Lösung der Wohnungsfrage“, das heißt des öffentlich geförderten Wohnungsbaus. Dem Abschied folgte die Wiederentdeckung der großen Vielfalt städtischer Häuser unterschiedlichster Typen: Stadthäuser, Stadtvillen, Eckhäuser, Mietshäuser etc. Dazu kamen die unter inhaltlichen Gesichtspunkten wichtigen von der IBA vorangetriebenen Versuche, sogenannte Sonderwohnformen (Neubauten für Wohngemeinschaften) zu etablieren oder Selbsthilfeprojekten wie dem so genannten „Wohnregal“ ein Gesicht zu geben. An diese Projekte der achtziger Jahre knüpfen etwa die aktuellen Projekte von Baugruppen an. Die aktuelle Hochkonjunktur individuellen Bauens hatte ihre Grundlage also in dem politischen Beschluss der Grundsätze für die IBA von 1984.

Für das städtische Haus im Block hieß es: „Das Stadthaus als kleinste Zelle im Stadtbau muss zwischen anonymer Siedlungslage, individualistischem Einfamilienhaus und der alten Mietskaserne entwickelt werden als Stadtbaustein in historisch vorgeprägter Stadtstruktur, als Antwort auf sich verändernde Lebensgewohnheiten, Wohnungsgrundriss und Hausform sowie die Integration der verschiedensten kommunikativen Angebote kompensieren das Freiraumdefizit der Innenstadt.“

Unter diesem wie aus einer Regierungserklärung unserer Tage klingenden Leitbild entstand ein breites Spektrum städtischer Hausbauten. Mit ihrer Hilfe wurden grenznahe und deswegen vergessene Orte an der Mauer der Innenstadt wieder zurück in das Geflecht der Stadt geholt. Dabei wurde versucht, das breite Spektrum der Haustypen architektonisch auf zeitgemäße Art neu zu interpretieren. Nicht zuletzt mit den Fassaden (und manchmal auch den Grundrissen) nationaler und internationaler Stararchitekten sammelte die IBA bei der Architektenschaft und in den Feuilletons, ähnlich wie die Vorgänger-IBA 1957/58, Punkte. Nie gab es jedoch Debatten über Baukosten und erst recht keine über die Miethöhe, denn sämtliche Bauten der IBA wurden als „sozialer Wohnungsbau" im sogenannten 1. Förderweg errichtet, also subventioniert. Mit der Fassadenvielfalt von Ackermann über Aymonino, Baller, Böhm, Brandt, Brenner, Derossi, Dudler, Eisenman, Grassi, Gregotti, Hilmer & Sattler, Hollein, Koolhaas, Krier, Leon, Libeskind, Rossi, Frei Otto, Sawade, Stirling/Wilford bis Ungers waren alle Richtungen vertreten und konnten ihre Hausbaufähigkeiten unter Beweis stellen. Eingeladen wurden sie von der IBA und hier vor allem von der Neubauabteilung mit Josef Paul Kleihues an der Spitze, unterstützt von Vittorio Magnago Lampugnani.

Die Bauherren bzw. Sanierungsträger waren aber nicht etwa private Bauherren, die ihren Vorstellungen Ausdruck gaben, sondern in der Regel städtische oder gemeinnützige Wohnungsbaugesellschaften. Nur in Ausnahmefällen traten private Bauträger auf die Bühne. Aber auch diese privaten Projektträger erhielten die Mittel der Förderung für den sozialen Wohnungsbau. Im Unterschied zu den Wohnungsbauprojekten des neuen Jahrtausends wurden also ganz in der Tradition des Siedlungsbaus vom Hansaviertel bis zur Gropiusstadt und der Autobahnüberbauung Schlangenbader Straße sämtliche Projekte subventioniert. Neu waren lediglich der vorgegebene städtebauliche Kontext und die Wiederentdeckung diverser Haustypologien.

Mit der so bis 1987 entstandenen Vielfalt der Fassadenbilder konnte erfolgreich von der relativen Gleichförmigkeit der Bauherrenschaft sowie der Art der öffentlichen Finanzierung erfolgreich abgelenkt werden. Was die Fassaden prominenter Architekten damals nur vortäuschten – Individualität und Vielfalt der Wohnungstypen, der Bauherrenschaft, der Finanzierung und des Bauens auf privaten Grundstücken –, begann im größeren Umfang erst nach dem Auslauf der öffentlichen Förderung Mitte der neunziger Jahre. Nach dem Fall der Mauer tauchte in den Straßen der inneren Stadt eine große Zahl individuell entworfener Fassaden als Ausdruck der Wohnwünsche, des Geschmacks und der Finanzkraft privater Einzelbauherren, Baugruppen oder Baugesellschaften auf. Dagegen entstanden die neuen Wohnhäuser der IBA-Periode nur selten in Baulücken, sondern meistens auf eigentumsrechtlich zusammengelegten Baugrundstücken, aber eben ohne Ausnahme nach den strengen Förderrichtlinien des „sozialen Wohnungsbaus", das heißt mit Grundrissen und genormten Wohnungsgrößen, die einst für offene städtebauliche Formationen entwickelt wurden und nun angepasst werden mussten.

Einen neuen Akzent setzten die Projekte der Wohnungsbaugesellschaften bei diesen Mietwohnungsbauten vor allem durch die Benutzung von an frühere Zeiten erinnernden Typen wie zum Beispiel der Stadtvilla und eben den Anspruch individueller Fassadengestaltung. Die wegen ihres Renommees ausgesuchten Architekten verstanden sich nicht als anonyme Baumeister eines neuen gründerzeitlichen Alltagsprogramms des sozialen Wohnungsbaus und auch nicht als Dienstleister für große Wohnungsbaugesellschaften, sondern als Bildproduzenten, die die Öffentlichkeit auf die Besonderheit und den Kunstanspruch ihrer Fassaden aufmerksam machten. Im Rückblick auf die Ära der IBA sind dabei einige Projekte von besonderem Interesse: Die „Stadtvillen" im Quartier Rauchstraße am Tiergartenrand, die auf der Grundlage eines städtebaulichen Konzeptes von Rob Krier entstanden, die Urban Villa von Oswald Mathias Ungers am Lützowplatz (mittlerweile abgerissen), die Stadthäuser an der Lützowstraße und am Berlin-Museum sowie die Energiesparhäuser am Landwehrkanal. Sie alle sind Vorläufer heutiger privater Bauten in der Berliner Innenstadt. Bemerkenswert sind schließlich die Projekte, mit denen das im Siedlungsbau abhanden gekommene Thema der Eckbebauung wiederbelebt wurde.

Exemplarisch dafür stehen die Bauten von Peter Eisenman an der Ecke Koch-/Friedrichstraße und die Bebauung von Aldo Rossi an der Kochstraße.

Mein persönliches Fazit des IBA-Projektes, wie ich es bei meinem Amtsantritt (1991) als Berliner Senatsbaudirektor im Kopf hatte, lautete: Die IBA hat die Stadt mit ihren öffentlichen Räumen und ihren raumbildenden Häusern sowie den historischen Stadtgrundriss als Entwurfselement wiederentdeckt. Die Schlüsselvokabel dieser Renaissance ist die von Aldo Rossi geprägte Idee von der „Architektur der Stadt". Mit den beiden Abteilungen der IBA wurde damit der systematisch angelegte Bruch der Siedlungsbaumoderne mit der traditionellen Stadt zugunsten neuer Stadtlandschaften als Experiment des 20. Jahrhunderts beendet. Die IBA hat die Innenstadt wieder zum Ort städtischen Wohnens gemacht und damit den Prozess der Transformation der alten Berliner Vorstädte in beliebige Siedlungen gestoppt. Sie hat die Stadt und die dazugehörigen diversen Haustypen mit den Mitteln des sozialen Wohnungsbaus als Form anschaulich wiederbelebt.

Zwei Jahre nach dem Ende der IBA fiel die Mauer. Damit war auch das System einer DDR-spezifischen Form des Sozialismus mit völlig verstaatlichtem Wohnungs- und Städtebau auf volkseigenem Boden zusammengebrochen. Was nach 1989 entstand, konnte daher nicht die Fortsetzung der IBA einer eingemauerten Stadt mit hoch subventioniertem Wohnungsbau sein, sondern nur die Weiterentwicklung ihrer architektonischen Prinzipien unter den Bedingungen einer privaten Ökonomie mit privaten Bauprojekten auf privaten Grundstücken mit gemischter Nutzung. Es herrschten also endlich Bedingungen, die Stadtbau und nicht nur die Kulisse der Stadt ermöglichten. Dies waren zwar Bedingungen, von denen etliche Akteure der IBA immer geträumt hatten, vielen fiel aber der Abschied vom Jahrhundert des Siedlungsbaus schwer, andere sahen mit dem Ende des Sozialismus nun die Zeit gekommen, von gänzlich neuen Städten zu träumen.

Groß war mein Erstaunen, als ich mich bei meinem Amtsantritt mit Plänen, Zeichnungen und Stadtvorstellungen konfrontiert sah, wie ich sie als Zukunftsvorstellungen für Berlin nach dem Ende des Krieges kannte. Auslöser für mein Erstaunen waren die Zeichnungen, die Vittorio Magnago Lampugnani, damaliger Direktor des Deutschen Architekturmuseums in Frankfurt am Main, zusammen mit Michael Mönninger unter der Überschrift „Berlin Morgen – Ideen für das Herz einer Großstadt" im Januar 1991 in der *F.A.Z.* und als Buch vorstellten. In einem Gewitter utopischer Pläne (Felix Zwoch bezeichnete sie in der *Bauwelt* weniger höflich als „gezeichnetes Geschwätz") wurden die sorgfältig ausformulierten und begründeten Grundsätze städtebaulicher Planung der IBA für den Westberliner Teil der Innenstadt Berlins über den Haufen geworfen. Wie betrunken zeichneten die Stararchitekten, die eben noch Wohnhäuser nach den Richtlinien der Wohnungsbaukreditanstalt gebaut hatten, ihre offensichtlich unterdrückten Architekturfantasien. Hans Kollhoff argumentierte gegen „die heilige Kuh der Traufhöhe", Daniel Libeskind wollte die „Barrieren der Planung und Gedankenwelt des 19. Jahrhunderts durchbrechen", Ungers konnte endlich seine vom Konzept der Stadtreparatur unterdrückte Idee der „Stadt in der Stadt" vorstellen, Coop Himmelb(l)au stellten sich die Stadt als Kreuzung von zwei Hochgeschwindigkeitstrassen vor etc. etc. Die meisten dieser Arbeiten wirkten gerade nach den Erfahrungen der siebziger und achtziger Jahre „wie bösartige Scherze" (Gottfried Knapp in der *Süddeutschen Zeitung*), geeignet allenfalls für die Grafiksammlung des Frankfurter Architekturmuseums. Lediglich die Italiener Mario Bellini und Vittorio Gregotti, und bedingt auch Aldo Rossi, blieben dem Ansatz der IBA, Stadt zu bauen, verhaftet.

Auf den „Theorietest" des Architekturmuseums folgte bekanntlich der städtebauliche Ideenwettbewerb für den Potsdamer-/Leipziger Platz, bei dem die eingeladenen Planer ebenfalls überwiegend ihre jeweiligen Träume bestimmter Formen von

Megastrukturen vorstellten. Die Lehre der IBA mit ihren Bezügen zum Stadtgrundriss, zu Haustypen des Wohnens und Arbeitens war auch hier wie ausgelöscht. Zum Glück für die Stadt wurde mit knapper Mehrheit – gegen das wütende Votum von Rem Koolhaas – das Projekt von Hilmer & Sattler ausgewählt, das ausdrücklich auf die Tradition der Europäischen Stadt mit Straßen, Plätzen und individuellen Häusern Bezug nahm.

Auch hier am Potsdamer und Leipziger Platz waren die Erfahrungen der IBA – unterstützt durch die geballte Medienwelt der großen Konzerne (Daimler Benz, Sony, ABB) – wie weggeblasen. Es folgte das, was man Berliner Architekturdebatte genannt hat, was im Kern aber eine Debatte über den Umgang mit den in der DDR schwer misshandelten Teilen der Friedrichstadt und der Dorotheenstadt war. Das, was bei der IBA noch als „Kritische Rekonstruktion" gefeiert wurde, geriet nun plötzlich zu einem Plan für „Neuteutonia" *(Arch +)* und die vorgegebene Traufhöhe als Ausdruck provinzieller Beschränktheit zum Gespött nicht nur der Investoren, sondern auch vieler Architekten.

Einen weiteren Höhepunkt erlebte die Debatte, als 1996 von der Stadt unter Beteiligung externer Architekten und Theoretiker (Bernd Albers, Manfred Ortner, Dieter Hoffmann-Axthelm, Fritz Neumeyer) ein städtebaulicher Plan vorgelegt wurde, dessen Absicht darin bestand, die geteilte Innenstadt von der Stalin-Allee bis zum Hansaviertel mit dem historischen Zentrum der Altstadt und dem Kulturforum zusammenzudenken und dafür einen Plan zu erarbeiten. Obwohl dieses „Planwerk Innenstadt" nicht wie bei der IBA von einer GmbH oder wie in der DDR von einer autoritären Regierung gezeichnet wurde, geriet es als Methode und als Produkt ins Kreuzfeuer der Debatte. Der städtebauliche Plan, der sich ausdrücklich auf die Tradition der IBA bezog und sich als Weiterentwicklung der von Kleihues entwickelten „Kritischen Rekonstruktion" verstand, wurde als „autoritär-administratives Verkündigungskonzept" (Harald Bodenschatz) in Grund und Boden verdammt. Die Tatsache, dass dieser Plan schließlich nach mehrjähriger Debatte von Senat und vom Abgeordnetenhaus 1999 als überbezirkliche Planungsvorgabe parlamentarisch gebilligt wurde, wurde dabei übersehen. Die bis heute andauernde Debatte über die „Korrektur gebauter Lebenslügen" (Michael Mönninger) ist, wie man an den heftigen Auseinandersetzungen über den Umgang mit dem in den Staatsraum der DDR verwandelten Berliner Altstadtkern und dem Kulturforum sehen kann, noch lange nicht beendet. Die IBA ist inzwischen Teil der reichen Planungs-, Bau- und Politikgeschichte Berlins. Mit ihrem Ansatz, Geschichte und Zukunft zusammenzudenken, bietet sie jedoch noch heute mehr und bessere Anregungen als sämtliche Pläne, die bis zu ihrer Gründung angefertigt worden sind.

*Hans Stimmann: Zurück zur Architektur der Stadt. In: Harald Bodenschatz, Vittorio Magnago Lampugnani, Wolfgang Sonne (Hrsg.) [Deutsches Institut für Stadtbaukunst]: 25 Jahre Internationale Bauausstellung Berlin 1987. Ein Wendepunkt des europäischen Städtebaus. Bücher zur Stadtbaukunst Band 3. Sulgen 2012. Seite 149–155.*

## Berliner Stadtplanung

# Der Autobahn-tunnel als Denkmal des Irrsinns

Das Berliner Mobilitätsgesetz von 2018 wurde im Januar 2021 um den Abschnitt „Entwicklung des Fußverkehrs" ergänzt. Der „Fuss e.V." – so etwas wie der ADAC für Fußgänger – feierte diese von der Senatorin für Umwelt, Verkehr und Klimaschutz eingebrachte Gesetzesänderung als Meilenstein für den Stadtverkehr. Eine ähnlich positive Stellungnahme konnte der rot-rot-grüne Senat 2018 vom ADFC, dem Interessenverband der Radfahrer, registrieren.

Nicht verwunderlich, denn dieser Verein war es, der schon 2015 mit seiner erfolgreichen Initiative für einen Volksentscheid für mehr und sichere Radspuren auf allen im Flächennutzungsplan festgesetzten Hauptverkehrsstraßen die Gesetzgebung ausgelöst hatte. Im April 2017 einigten sich die Fahrradinitiativen mit dem Senat auf die Erfüllung ihrer Forderungen nach baulich geschützten Radstreifen, Radschnellwegen und hunderttausend Fahrradbügeln sowie den Umbau von Kreuzungen zur Sicherheit des Radverkehrs.

Aber klar war schon damals: Wer Platz für Radwege an Hauptverkehrsstraßen schaffen will, muss diesen heute, anders als seit den sechziger Jahren üblich, den Autofahrern und nicht den

Fußgängern wegnehmen. Um dem durchaus berechtigten Vorwurf der Parteinahme für die Radfahrer etwas entgegenzusetzen, wurde aus den konkreten baulichen Forderungen des ADFC zuerst ein Radgesetz und dann ein alle Verkehrssysteme umfassendes „Mobilitätsgesetz".

Bei der aktuellen Fassung des Gesetzes geht es im Kern um eine umwelt- und klimapolitisch begründete Umverteilung der Nutzung vorhandener örtlicher und überörtlicher öffentlicher Hauptverkehrszüge zugunsten des Radverkehrs. Heißt im Klartext: zulasten des fließenden und ruhenden privaten Autoverkehrs. Da sich die beabsichtigte Umverteilung auf rechtlich gesicherten, im öffentlichen Eigentum befindlichen Verkehrsflächen als kommunale Baumaßnahme abspielt, erfordert die seit Jahrzehnten übliche Praxis kein Landesgesetz.

Nur wenn die Verkehrsflächen bei Straßenverbreiterungen auf Kosten von Bauflächen vergrößert werden sollen, sind die seit 1960 gesetzlich vorgeschriebenen Verfahren des Bundesbaugesetzes bei Flächennutzungs- und Bebauungsplänen notwendig. Für die heute übliche Umverteilung innerhalb der Verkehrsflächen reicht eine Anordnung auf der Grundlage der Straßenverkehrsordnung. Zur Realisierung braucht es aber den politischen Willen des Senats, entsprechende Haushaltsmittel und die Zustimmung der betroffenen Bürger.

Auf diese Weise hat sich in Berlin seit Jahrzehnten durch die Anlage von Radwegen auf Bürgersteigen, den Bau von Parkbuchten und Abbiegespuren, die Markierung von Zebrastreifen und Busspuren und zuletzt von Begegnungszonen das Bild der Straßen und Platzräume verändert. Der zunächst noch ganz traditionell verkehrspolitisch begründete Prioritätenwechsel bei der praktischen Nutzungsverteilung des Straßenlandes wurde zusätzlich klimapolitisch (Kohlendioxidreduktion) unterlegt und um das theoretische Versprechen „Mobilität für alle" erweitert. Ein komplexer Anspruch.

## Aus einer mittelalterlichen Straße wird eine Fußgängerzone

Baulich realisiert wurden auch nach fast drei Jahren lediglich einige Pop-up-Radwege (farbliche Markierungen) auf Fahrbahnen einiger Hauptverkehrsstraßen, auf denen sich Unfälle zwischen Auto- und Radfahrern häuften, die Umnutzung der Friedrichstraße in eine Fußgängerzone mit einem „Zweirichtungsradweg" sowie die Verlängerung der Grünphasen an zahlreichen Hauptverkehrsstraßen mit Mittelstreifen zugunsten der Fußgänger.

Zufrieden damit ist niemand, zumal die Stadträume in einem Wald von Verkehrszeichen, Pollern, Fahrbahnmarkierungen, Lichtsignalanlagen und bepflanzten Baumscheiben ihre Qualität als schön gestaltete Orte noch weiter verlieren: Aus einer mittelalterlichen Straße wird eine Fußgängerzone, aus einer barocken Achse ein Radweg und aus einer gründerzeitlichen Allee eine Verkehrsmaschine.

Bereits die Architekten der Moderne – allen voran Le Corbusier – wollten den Abschied von Korridorstraßen, die radikale Trennung der Fußgänger vom Autoverkehr, die Abschaffung von Straßenkreuzungen und überhaupt die Konstruktion der Straße als Meisterwerk des Ingenieurbaus, das heißt als Überwindung der bis dahin üblichen Regeln der Stadtbaukunst. Bemerkenswert aus der Sicht heutiger Mobilitätsbetrachtung ist die Tatsache, dass damals das Fahrrad als Massentransportmittel nicht mehr erwähnt wurde.

Praktische Bedeutung erhielten Le Corbusiers in der Charta von Athen festgehaltene Prinzipien etwa in den Planungen der fünfziger Jahre im abgetrennten Westberlin bei dem Entwurf einer Konzeption „Für die Stadt von Morgen" im Rahmen der Internationalen Bauausstellung 1957 (IBA). Geplant und gebaut wurde zuerst anstelle des gründerzeitlichen Hansaviertels und danach für sämtliche Westberliner Innenstadtareale eine neue Form von

Stadtlandschaft, zu der auch ganz im Sinne der Charta eine getrennte Behandlung der unterschiedlichen Verkehrsarten und die entsprechende Umgestaltung der Straßen und Plätze gehörten.

## Wahlfreiheit der Verkehrsmittel

Die „Stadt von Morgen" war nicht nur autogerecht, sondern „ganzheitlich" als gesellschaftspolitisch begründete, gegliederte und aufgelockerte Stadt mit getrennten Funktionen – Wohnen, Arbeiten, Freizeit und Mobilität auf getrennten Straßen und Fußwegen – für eine neue Gesellschaft gedacht. Dazu gehörte die Überzeugung der Experten, dass die traditionelle Stadt mit ihren Korridorstraßen, Fahrbahnen, Straßenbahnen, Bürgersteigen, Straßenbäumen, Vorgärten und den straßenraumbildenden Häusern den Ansprüchen des gestiegenen fließenden und ruhenden Autoverkehrs nicht mehr genügte. Deswegen wurden die Straßenflächen vergrößert, die Straßenbahn abgeschafft und neue U-Bahn-Strecken gebaut.

Rad- und Fußwege wurden, wo es möglich war, vom Autoverkehr getrennt. Außerdem sollte der motorisierte Verkehr an den Kreuzungen der Hauptverkehrsstraßen durch Kreisverkehrsplätze, Hochstraßen und Straßentunnel entflochten werden. Verkehrspolitische Grundlage war dabei die Sicherstellung der Wahlfreiheit der Verkehrsmittel als Ausdruck einer sich freiheitlich, fortschrittlich und pluralistisch verstehenden Politik in Westberlin, vertreten durch die regierende SPD mit Willy Brandt an der Spitze.

Das typische Beispiel dieser Art von Umplanung einer historischen Ausfallstraße ist der Umbau der zwischen 1872 und 1877 vom Hamburger Großkaufmann Carstenn angelegten Kaiserallee zur anbau- und kreuzungsfreien Bundesallee. Dabei ging es nicht nur um die Neuverteilung der sowieso schon großzügig dimensionierten Straßenflächen der Allee unter den Verkehrsarten, sondern um die Neugestaltung des Straßenraumes als Teil einer anderen Vorstellung von Stadt. Dazu gehörten zuerst die Inanspruchnahme der privaten Vorgärten für Verkehrszwecke und die Umwidmung von Bauflächen zu Verkehrsflächen.

Um Platz für den fließenden und ruhenden Verkehr – je drei Spuren plus Parkspur – zu schaffen, wurde die Straßenbahn durch den Bau einer U-Bahn-Linie ersetzt. Dazu kamen vier Straßentunnel, mehrere planfreie Kreuzungen, eine Fußgängerbrücke sowie eine den Hohenzollerndamm überspannende Hochstraße, die als neue Nord-Süd-Verbindung durch die verbreiterte Fasanenstraße und im Tunnel mit dem Kurfürstendamm in Richtung der Straße des 17. Juni führen sollte. Um dieses Ziel zu erreichen, sollten die Bauten der westlichen Seite der Fasanenstraße abgerissen werden. Diese von den Fachverbänden und Akademien unterstützte Planung des sozialdemokratisch geführten Senats wurde im Juli 1965 im Rahmen des Flächennutzungsplans vom Berliner Abgeordnetenhaus beschlossen.

Das kulturelle Zentrum dieser neuen Form von Stadtlandschaft bildete die von Scharoun 1956 an der Rückseite des Joachimsthalschen Gymnasiums entworfene Philharmonie. Wichtige hochbauliche Elemente dieser Stadtlandschaft bildeten die Überbauungen der abgehängten Straßen mit Bürohäusern. Die bauliche Realisierung wurde aber 1979 vom Bausenator Ristock (SPD) gestoppt.

Diese politische Entscheidung markiert den Wendepunkt im Stadtverständnis des Senats. Mit dem Konzept der Kritischen Rekonstruktion der 1984/87 durchgeführten Internationalen Bauausstellung nahm er Abschied von der Vorstellung eines mobilitätsgerechten Stadtumbaus Westberlins. Obwohl eines der IBA-Demonstrationsprojekte die Reurbanisierung des Prager Platzes betraf, blieb die Bundesallee und damit auch das für den Bau der Hochstraße vorbereitete Kreuzungsbauwerk im Bereich Hohenzollerndamm ausgespart. Das Areal ist seit dem Planungsstopp von 1979 ein Fragment der stadtzerstörerischen Westberliner Verkehrsplanungspraxis.

Vielleicht sollte der heutige rot-rot-grüne Senat einen besonders markanten Abschnitt der Bundesallee als Produkt des angestrengten Nachdenkens der sechziger Jahre über die mobilitätsgerechte Gestaltung der „Stadt von Morgen“ unter Denkmalschutz stellen. Auf diese Art würden im Bereich der untertunnelten Kreuzung mit der Berliner Straße die hässlichen Folgen einer ausschließlich mobilitätspolitisch begründeten Städtebaupolitik sichtbar bleiben.

Parallel dazu sollte der Senat versuchen, in den übrigen Abschnitten der immer noch Allee genannten, 3,7 Kilometer langen perfekten Verkehrsmaschine durch entsprechende Reduktion der für den Autoverkehr reservierten Fahrspuren und deren Umnutzung für Bürgersteige und Radwege etwas von dem typischen Charakter einer baumbestandenen Allee als Rückgrat eines traditionellen Straßen- und Platzsystems zurückzugewinnen.

*Mit der Überschrift „Berliner Stadtplanung. Der Autobahntunnel als Denkmal des Irrsinns“ publizierte Hans Stimmann diesen Artikel in der* Frankfurter Allgemeinen Zeitung *(7. Juni 2021).*

## Technokratische Verkehrswende

# Die Friedrichstraße, ein Stadtschicksal

Bis kurz vor dem Ende der Schlacht um Berlin im April 1945 war die rund 3,3 Kilometer lange Friedrichstraße zwischen dem Oranienburger und dem Halleschen Tor immer noch so etwas wie „unsere pikanteste Verkehrsader". So hat sie jedenfalls Theodor Fontane 1892 in seinem Roman „Frau Jenny Treibel" beschrieben. Zu ihr gehörten schon damals nicht nur die berühmte Kreuzung mit den „Linden" und ihren legendären Cafés und Konditoreien, sondern auch die Kaiser Passage, der Admiralspalast, das Central-Hotel und seit 1882 der Bahnhof der Stadtbahn Friedrichstraße. 1921 folgte sogar die U-Bahn-Station „Stadtmitte".

Die Friedrichstraße wurde so die immer wieder beschriebene, gemalte, fotografierte und gefilmte berühmte Nord-Süd-Achse der seit 1678 schrittweise entstandenen barocken Dorotheen- und Friedrichstadt mit ihren vierundzwanzig teilweise legendären Querstraßen wie der Leipziger und Kochstraße. Sie war zudem Bezugspunkt der drei streng geometrisch angelegten Torplätze – Quarree, Oktogon, Rondell –, die bis zur Groß-Berlin-Bildung 1920 die Berliner Stadtgrenze markierten. Den stadtbaukünstlerischen und funktionalen Fixpunkt bildete dabei das 1732 zuerst am Halleschen Tor angelegte Rondell, 1815 in Belle-Alliance-Platz und 1947 in Mehringplatz umbenannt.

Dieser von Lenné gestalte Platz bündelte mit seiner 1843 zur Erinnerung an die Friedenszeit nach den Befreiungskriegen aufgestellten Säule mit der Wilhelm- und Lindenstraße wie in einem Brennglas bis zum Kriegsende große Teile der Befindlichkeit und Funktion Berlins als Hauptstadt und europäischer Metropole. Geblieben ist davon nichts. Dreißig Jahre nach der Wiedervereinigung strahlt der Platz die Tristesse einer Fußgängerzone in einer peripheren Großsiedlung aus. Nach dem Willen des Senats soll das auch so bleiben.

Dabei war für die Friedrichstraße mit dem Mehringplatz für die ersten Jahrzehnte des 20. Jahrhunderts nicht die Ruhe, sondern der großstädtische Verkehr mit seiner Mischung aus Fußgängern (auf Bürgersteigen), den im Straßenraum fahrenden Straßenbahnen, den U-Bahnen, den Radfahrern und dem von heute aus gesehen bescheidenen Automobilverkehr typisch. Exemplarisch für die Modernität Berlins waren zudem die sich kreuzenden U-Bahnen und die Stadtbahn in Hochlage. Dabei betrachteten Politiker, Verkehrsplaner und zunächst auch Architekten diese intensiven Formen großstädtischer Mobilität nicht als Gefahr, sondern voller Stolz als faszinierendes Symbol des Fortschritts. Nicht die funktionale Trennung, sondern das Aufeinandertreffen der Verkehrsteilnehmer auf den vergleichsweise engen Straßen des vormodernen Berlin wurde zum Kennzeichen großstädtischen Lebens. Dazu gehörte auch die 1924 errichtete Verkehrsampel am Potsdamer Platz. Sie wurde zum Symbol des automobilen Fortschritts. Niemand träumte vom Umbau der Straßen und Plätze zu Fußgängerzonen oder von autolosen Zuständen der Vormoderne. Kaum jemand sah in den Straßenräumen aber auch zukünftige Verkehrsmaschinen getrennter Verkehre. Die ersten Ideen dazu waren keine Produkte der

Automobilindustrie, sondern sie stammten von Berlins sozialdemokratischem Stadtbaurat Martin Wagner für den Alexanderplatz.

Das Auto wurde zum Symbol des Aufbruchs der jungen Metropole. Seine Dynamik prägte nicht nur das Design der Automobile, sondern bald auch die Sprache der Architektur, der Mode, der Fotografie und des Films. Das Auto wurde, anders als die öffentlichen Transportmittel, aber auch das damals am häufigsten genutzte Fahrrad Symbol für individuelle Mobilität. Im Unterschied zum Leitbild der Stadtplaner der Nachkriegsjahre, die von einer „autogerechten Stadt" mit einer Trennung der Verkehre und erst recht anders als in den aktuellen politischen Vorstellungen von einer „autolosen Innenstadt" träumten, spielte sich die faszinierende Intensität sowie die Mischung der Verkehre auf den im späten 17. und vor allem aber im 18. Jahrhundert in quasi autolosen Zeiten angelegten Straßen ab. Die immer wieder fotografierte Kreuzung Friedrichstraße mit dem Boulevard Unter den Linden war wie die Leipziger Straße, die den Spittelmarkt mit dem Potsdamer Platz verband, nur zwanzig Meter breit. Die breiten Bürgersteige blieben erhalten, Stellplätze waren im Straßenraum genau so wenig vorgesehen wie Busspuren, Abbiegespuren oder Radwege. Hauptproblem für die Straßenplaner der Moderne war die zusätzliche Unterbringung von Straßenbahngleisen im vorhandenen Profil. Auch ohne Mobilitätsgesetz hatten Fußgänger und Straßenbahnen Vorfahrt.

Der dann mit dem „Verkehrsturm" an einem Verkehrsknoten des Potsdamer Platzes mit fünf einmündenden Straßen erstmals sichtbar werdende interne Automobilkonflikt wurde bezeichnenderweise nicht etwa für Verkehrsingenieure, sondern für den Architekten und Stadtbaurat Martin Wagner zum Anlass für utopische Träume kreuzungsfreier Verkehrsplätze getrennter Verkehre. Anstelle der barocken Straßen- und Platzfigur mit sich kreuzenden und einmündenden Straßen sollten seit 1929 aus der Logik des Automobils Kreisverkehre entstehen. So sollte aus dem Alexanderplatz mit dem immer wieder beschriebenen Alltagstreiben ein

„Weltstadtplatz" werden. Die Verkehrsdynamik des Automobils sollte zur städtebaulichen Form werden.

## Die kümmerlichen Reste enden als Fußgängerzone

Der Zweite Weltkrieg hinterließ nicht nur geistige, sondern auch physische Trümmer, die besonders das Bild des Stadtzentrums prägten. Obwohl die Stadtgrundrisse der Altstadt und der barocken Stadterweiterungen komplett erhalten waren, begnügte man sich nach Kriegsende nicht mit dem architektonischen Neubau auf vorhandenem Stadtgrundriss. Vielmehr stand die Neuerfindung der Stadt als autogerechte Stadtlandschaft für eine neue Gesellschaft auf der Tagesordnung. Dabei ging es nicht um die Bewältigung zukünftiger Verkehrsprobleme oder um die Lösung der „Wohnungsfrage", sondern um etwas grundsätzlich Neues, nämlich um die Abschaffung der europäischen Stadt. Bis dahin hatten selbst die größten Eingriffe in den Stadtgrundriss wie der Bau der Stadtbahn durch die Dorotheenstadt oder der U-Bahnen zwar zu architektonischen Akzentverschiebungen und zu weiteren Urbanisierungen etwa der Friedrichstraße, aber nicht zu ihrer Zerstörung geführt.

Erst mit dem 1946 von Hans Scharoun als Baustadtrat für den Magistrat von Groß-Berlin erstellten Plan (Kollektivplan) wurde die Struktur der Stadt und bei dieser Gelegenheit auch die Organisation des Autoverkehrs neu erfunden. Erschlossen von vier kreuzungsfreien Stadtautobahntangenten, sollte man sich zwischen dem heutigen Mehringplatz und dem Oranienburger Tor nur unterbrochen durch die Straße Unter den Linden wie in einem Park bewegen. Die drei barocken Plätze Quarree, Oktogon und Rondell wurden ohne jede verkehrliche Funktion lediglich als Ornament zitiert. Einen radikaleren Abgesang auf den Stadtgrundriss, auf die Architektur der Stadt, ihre gebauten Erinnerungen und die damit verbundenen Formen städtischer Mobilität hatte es noch nie gegeben. Wäre dieser Hauptstadtplan lediglich das Werk der gescheiterten Idee frei fließender Stadtlandschaft geblieben, könnte man ihn als eine aus der Nachkriegsbefindlichkeit erklärbare Utopie einordnen. Das aber ist nicht möglich, denn der Plan bildete die Grundlage für den nur noch für den (West-)Berliner erstellten Flächennutzungsplan und für die städtebauliche Planung Scharouns des Jahres 1962/63 für die südliche Friedrichstadt. In den Jahren nach 1969 wurden dann der Mehringplatz und seine Umgebung nach den Plänen von Hans Scharoun und Werner Düttmann, darin eingeschlossen die Stadtautobahntrasse der Südtangente mit 10- bis 17-geschossigen Hochhausriegeln und einem bis heute erhaltenen Parkhaus als Lärmschutzwand, bebaut. Die dem Mehringplatz bis dahin seine Bedeutung gebenden Einmündungen der Wilhelm- und Lindenstraße wurden amputiert, und die kümmerlichen Reste des südlichen Teils der Friedrichstraße enden seitdem wie in einer Großsiedlung als Fußgängerzone.

Die DDR reagierte Anfang der sechziger Jahre für das Stadtzentrum der Hauptstadt mit einem Gegenkonzept zu der autogerechten Stadtlandschaft West-Berlins. Ein wesentliches Element war die Planung eines „Fußgängerbereichs" – um das Wort „Zone" zu vermeiden – für die verbreiterte Friedrichstraße als städtebauliche Inszenierung sozialistischer Zentralität. Dazu gehörten etwa der Lindenkorso, das Interhotel, das Metropol, das Internationale Handelszentrum, der Friedrichstadtpalast und kurz vor dem Fall der Mauer die Friedrichstadtpassagen. Das verkehrliche Funktionieren dieses Hauptstadtversprechens wurde durch die Verbreiterung der Leipziger Straße für den Autoverkehr von 22 auf 62 Meter abgesichert. Die Straßenbahn war nicht mehr vorgesehen. Im krassen Gegensatz dazu verzichtete West-Berlin zwar auf den Bau der Südtangente, aber nicht auf die verordnete Gemütlichkeit des vom Autoverkehr befreiten Mehringplatzes.

In den achtziger Jahren entdeckte dann die Internationale Bauausstellung (IBA) die Fragmente der südlichen Friedrichstadt und nutzte sie als Versuchsgebiet für die Kritische Rekonstruktion des barocken Stadtgrundrisses. Dazu gehörte auch der Vorschlag der Rückführung der Linden- und Wilhelmstraße in den Mehringplatz. Dieser Teil seines Konzepts scheiterte an der Ablehnung durch den Senat. So blieb die Friedrichstraße zwischen Checkpoint Charlie und Mehringplatz bis heute eine eigenschaftslose Straße und gleichzeitig eine Art Freilichtmuseum internationaler Wohnungsbauarchitektur. In diesem Abschnitt hat auch der Fall der Mauer trotz eines neuen Bürohauses für die alternative Tageszeitung *taz* nichts geändert.

## Kritische Rekonstruktion des barocken Stadtgrundrisses

Die Tristesse der Vorwendejahrzehnte dauert an. Vom oft beschriebenen Rhythmus und der Geschichte der Großstadt ist in der Sackgasse Friedrichstraße trotz anspruchsvoller Einzelbauten der IBA auch dreißig Jahre nach der Wiedervereinigung absolut nichts zu spüren. Selbst so etwas wie der Kiez als typische Berliner Lebensform hatte hier im Kreuzberger Teil keine Chance, es sei denn, man hält die seit dreißig Jahren andauernde Debatte über den Umgang mit den Brachflächen am Checkpoint Charlie für eine berlintypische Form des Gedenkens. Der Ort, Symbol für den Kalten Krieg, ist zum billigen Rummelplatz für Touristen herabgesunken. Inzwischen sieht ein Bebauungsplan für den Checkpoint Charlie zwar die Anlage eines Stadtplatzes und die Erhaltung der Brandwände als Spuren des Kalten Krieges vor, aber die lange Geschichte der 1688 angelegten Achse als Flaniermeile bleibt unberücksichtigt, Nachtschwärmer und großstädtischer Verkehr bleiben ausgeblendet.

Seit 1991 wird das Bild der Friedrichstraße durch die oft nach heftigen Auseinandersetzungen entstandenen Büro- und Geschäftshäuser ausschließlich privater Investoren geprägt. Die Bauten renommierter Architekten wie gmp, Johnson, Kahlfeldt,

Kleihues, Kollhoff, Mäckler, Nouvel, Pei Cobb Freed, Ungers, Piet und Wim Eckert oder Miroslav Volf entstanden sämtlich auf der Grundlage des Leitbildes der Kritischen Rekonstruktion des barocken Stadtgrundrisses.

## Jetzt sind die Autos weg – und nun?

Zusammengehalten wird ihre Architektur durch eine bis in die Details der Straßenaufteilung, Pflasterungen, Eckausrundungen, Straßenmöblierung, Beleuchtung der gestalteten Straßen und Platzräume der Dorotheen- und Friedrichstadt. Diese vom Senat vorgegebene Gestaltung verstand sich als stadtbaukünstlerische Interpretation der Straßen- und Platzraumgestaltung der immer wieder beschworenen Berliner Moderne als Metropole und Reichshauptstadt mit Straßenbahnen, drei U-Bahn-Linien und dem S-Bahnhof Friedrichstraße aber mit von heute aus gesehen bescheidener Motorisierung. Konkret hieß das Bewahrung der unterschiedlich breiten Straßenprofile zwischen 13 und 22 Meter mit 5,5 Meter breiten Bürgersteigen, aber ohne Fußgängerbereiche oder gar Begegnungszonen. Die Fahrbahnen sind für Autos, Radfahrer und in der 22 Meter breiten Leipziger Straße auch für Straßenbahnen vorgesehen. Es fehlen die im übrigen Berliner Stadtbild dominanten Parkbuchten und Abbiegespuren. Baumpflanzungen gibt es nur auf den Plätzen und in der Straße Unter den Linden.

Die Senatsentscheidung aus der Mitte der neunziger Jahre für diese Form der Gestaltung der Stadtmitte war weder verkehrsplanerisch berechnet noch ökologisch begründet, sondern als großstädtische Bühne der wiedervereinten Hauptstadt und Metropole gedacht. Dazu gehörten nicht nur die Planung für den Bau der Straßenbahn durch die Leipziger Straße ins Kulturforum sowie der Bau einer vierten U-Bahn-Linie durch die Straße Unter den Linden, sondern auch die ausdrückliche Zulassung des Autoverkehrs auf den engen Straßenflächen.

Diese gebaute Erinnerung an die Formen und Bilder großstädtischen Lebens der Moderne, also weder als Scharounsche Stadtlandschaft zwischen Stadtautobahnen noch als Fußgängerbereich der Hauptstadt der DDR, hat bis heute keine Verkehrsprobleme aufgeworfen, weil die Friedrichstraße als auch der Boulevard Unter den Linden als verkehrsfunktionale Sackgassen nur sehr bescheidene Autoverkehrsmengen zu bewältigen haben. So gesehen war das barocke Straßennetz in seiner aktuellen Form vor allem durch die stadtplanenden Entscheidungen der sechziger Jahre zur Schließung des Halleschen Tores und die 2002 erfolgte Sperrung des Brandenburgers Tores ein vorweggenommenes Demonstrationsgebiet für die 2018 vom rot-rot-grünen Senat beschlossene Mobilitätswende.

Die im „Mobilitätsgesetz“ angesprochenen Konflikte zwischen den verschiedenen Verkehrsteilnehmern treten hier mit Ausnahme des westlichen Abschnitts der Leipziger Straße gar nicht auf. Trotzdem unternimmt der Senat seit dem 29. August 2020 in der Friedrichstraße auf einer Länge von 500 Metern einen ersten Schritt für den Umbau in eine autolose Begegnungszone. Dazu gehört neben den üblichen Parklets, Kübelbäumen ein separierter Radschnellweg. Um wenigstens sprachlich an die Geschichte der Friedrichstraße mit ihrer großstädtischen Mischung aus Arbeit, Vergnügen und Verkehr anzuknüpfen, wird die Maßnahme als „Flaniermeile“ verkauft. In Wirklichkeit wird aber dem immer wieder beschworenen großstädtischen Leben in der Stadtmitte der definitive Garaus gemacht. Ausgerechnet in der Straße, die Theodor Fontane als pikanteste Verkehrsader beschrieben hat, breitet sich die Illusion rot-rot-grüner Urbanität aus.

*Von Hans Stimmann publiziert in der* Frankfurter Allgemeinen Zeitung, *am 14. Dezember 2020.*

## Industriekultur in Berlin

# Interessiert kein Schwein

Auch wenn man es mit dem unverfänglich klingenden Wort Rückbau zu verbergen sucht und obwohl man sich doch immer wieder zum großen Ziel der Nachhaltigkeit bekennt, wird in Berlin unter Führung des rot-grün-roten Senats weiterhin ein markantes Gebäude nach dem anderen abgerissen. Aktuell betrifft das beispielsweise zwei West-Berliner Bürobauten aus den siebziger Jahren an der Budapester Straße (Berlin Hyp AG) und ein weiteres Gebäude an der Kurfürstenstraße. Beide betroffenen Grundstücke sind der City West zuzuordnen. Zum rücksichtslosen Umgang mit Bauten der siebziger Jahren gehört aber auch der vom jetzigen Betreiber Vattenfall seit dem Sommer 2021 vorangetriebene Abriss des Heizkraftwerks Wilmersdorf.

Nun gehören Abrisse als Voraussetzung für den sprichwörtlichen Prozess des permanenten Werdens gleichsam zum genetischen Code der Metropole. Und weil dieser schon immer mit dem Versprechen verbunden wurde, dass danach alles schöner, höher und moderner werde und neuerdings einen Beitrag zur Senkung der $CO_2$-Emissionen leiste, regt sich dagegen bis in unsere Tage selten Protest, allenfalls nur dann, wenn es um die Erhaltung symbolischer Bauten eines bestimmten Zeitabschnitts geht. Beispiele für solche Gebäude, um deren Erhalt gerungen wird, sind das Anfang der Siebzigerjahre geplante und gebaute ICC der Messe, der brutalistische „Mäusebunker" der Freien Universität, die Autobahnüberbauung Schlangenbader Straße und der sogenannte Bierpinsel über der Schlossstraße in Steglitz.

Erstaunlicherweise ohne jegliche öffentliche Reaktion von Anwohnern, Architekten- und Ingenieurverbänden sowie Denkmalpflegern erfolgt dagegen der Abriss des außerordentlich symbolträchtigen Heizkraftwerks mit den markanten gelb verkleideten Bauteilen der drei Kesselhäuser und ihren 102 Meter hohen Stahlblechschornsteinen. Dabei liegen sie wie ein Teil einer utopischen Stadtlandschaft unübersehbar an der Gabelung des Stadtautobahnringes A 100 mit dem Abzweig Wilmersdorf. Anfang der siebziger Jahren geplant, ging das Kraftwerk im Jahr 1977 als ein Baustein zur Sicherung der Energie- und Wärmeversorgung West-Berlins in Betrieb, wurde wegen seiner markanten industriellen Gestaltung und seiner Lage zwischen zwei in Hochlage geführten Stadtautobahnen ähnlich wie die zeitgleich errichteten Bauten des ICC und die Überbauung Schlangenbader Straße schnell zum Symbol der Überlebensfähigkeit und Modernität der Stadt in Insellage.

## Ruf als Elektropolis

Das Heizkraftwerk verlängerte zudem den Ruf, den sich Berlin seit dem späten 19. Jahrhundert als Elektropolis erworben hatte. Akteure waren zunächst verschiedene regionale Kraftwerksbetreibergesellschaften Berlins und der umgebenden, damals noch eigenständigen Städte wie eben auch die Gesellschaft der Stadt Wilmersdorf. Von 1923 an waren es dann die stadteigene Gesellschaft Groß-Berlins Bewag, aber auch Industrielle wie Emil Rathenau und Werner von Siemens, die mit ihren Unternehmen für eine flächendeckende Versorgung mit Elektrizität für öffentliche und private elektrische Beleuchtung und den Betrieb von Straßen-, S- und U-Bahnen gesorgt hatten.

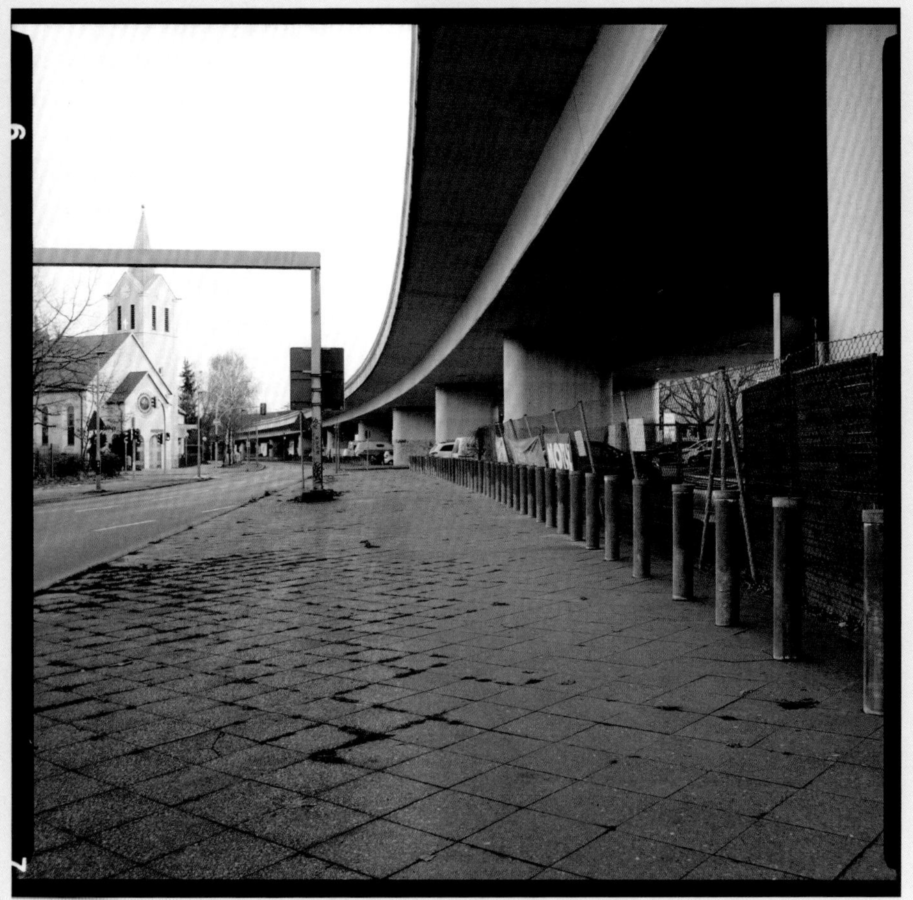

Sankt-Petrus-Kirche, Dillenburger Straße 4,
am Breitenbachplatz

## Entlang der A 104

## Ein Fotoessay von Andreas Rost

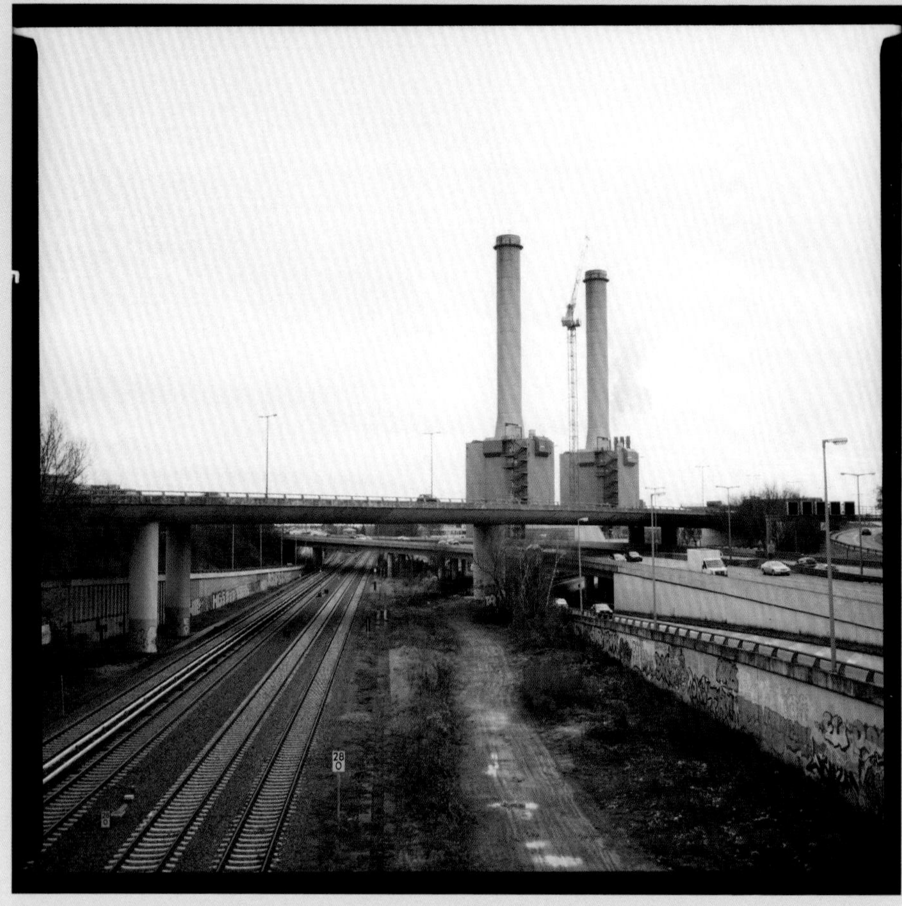

Beginnender Abriss des zwischen Stadtautobahn und der ehemaligen A 104 platzierten Heizkraftwerks Wilmersdorf mit seinen ursprünglich drei Kesselhäusern und den dazugehörigen Schornsteinen.

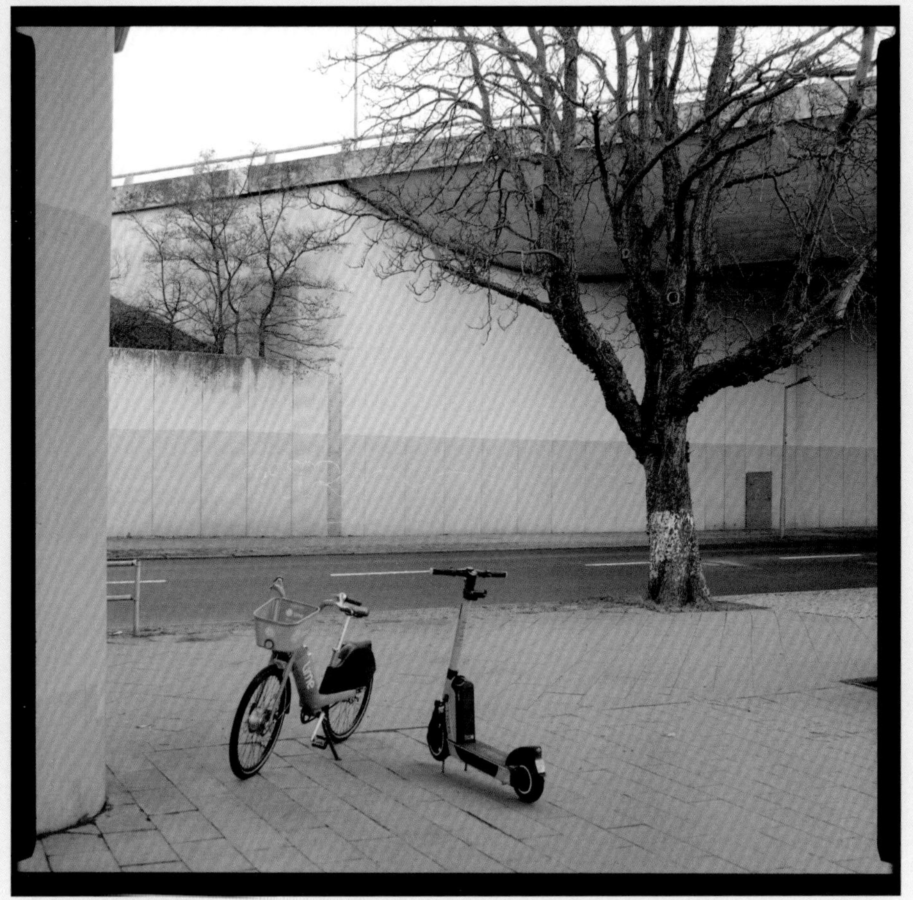

Neue Mobilität an der Rudolstädter Straße

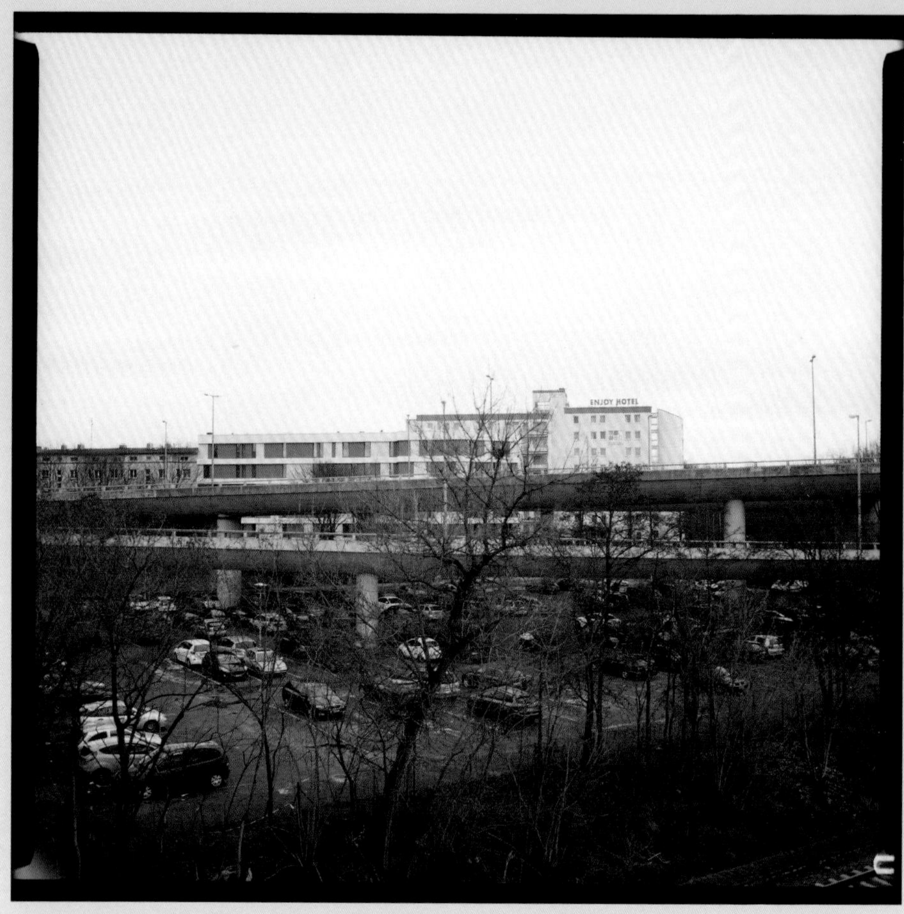


Bei Anreise mit dem PKW: Verlassen Sie die A 100 an der Ausfahrt Hohenzollerndamm. Fahren Sie auf dem Hohenzollerndamm noch 150 Meter geradeaus und biegen dann rechts in die Rudolstädter Straße ein. Das „enjoy hotel Berlin City Messe“ befindet sich auf der linken Seite. Parkmöglichkeiten stehen ausreichend zur Verfügung.

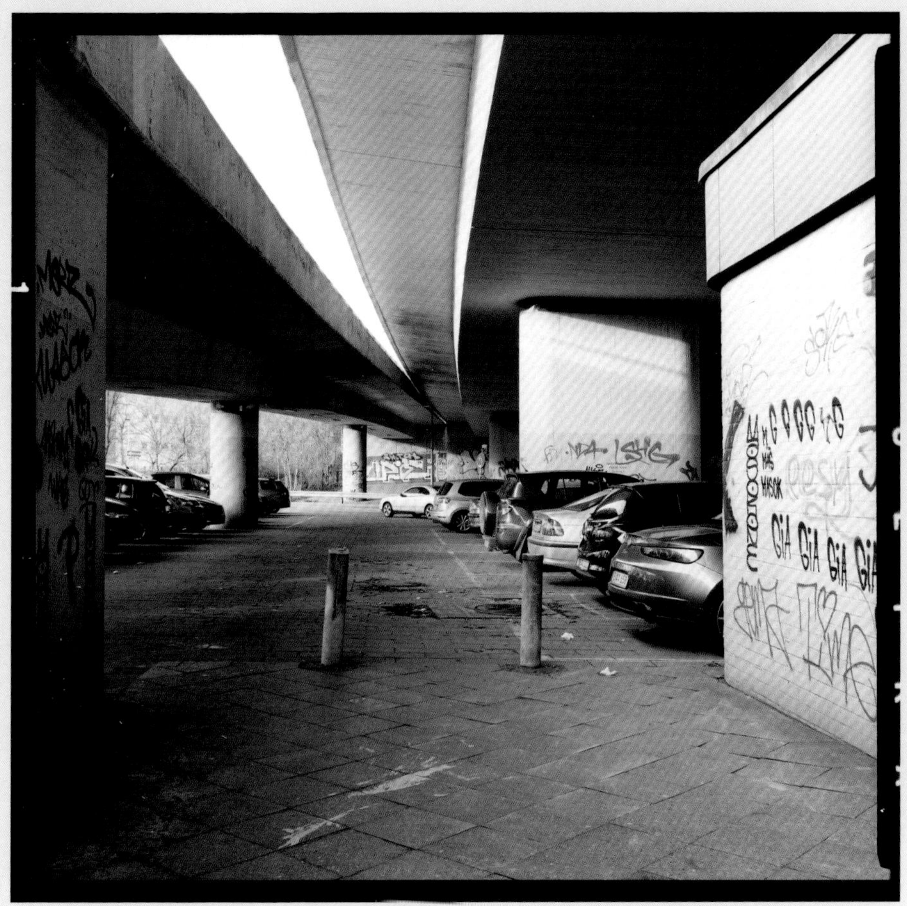

Überdachtes Parken: Dillenburger Straße,
Ecke Schlangenbaderstraße

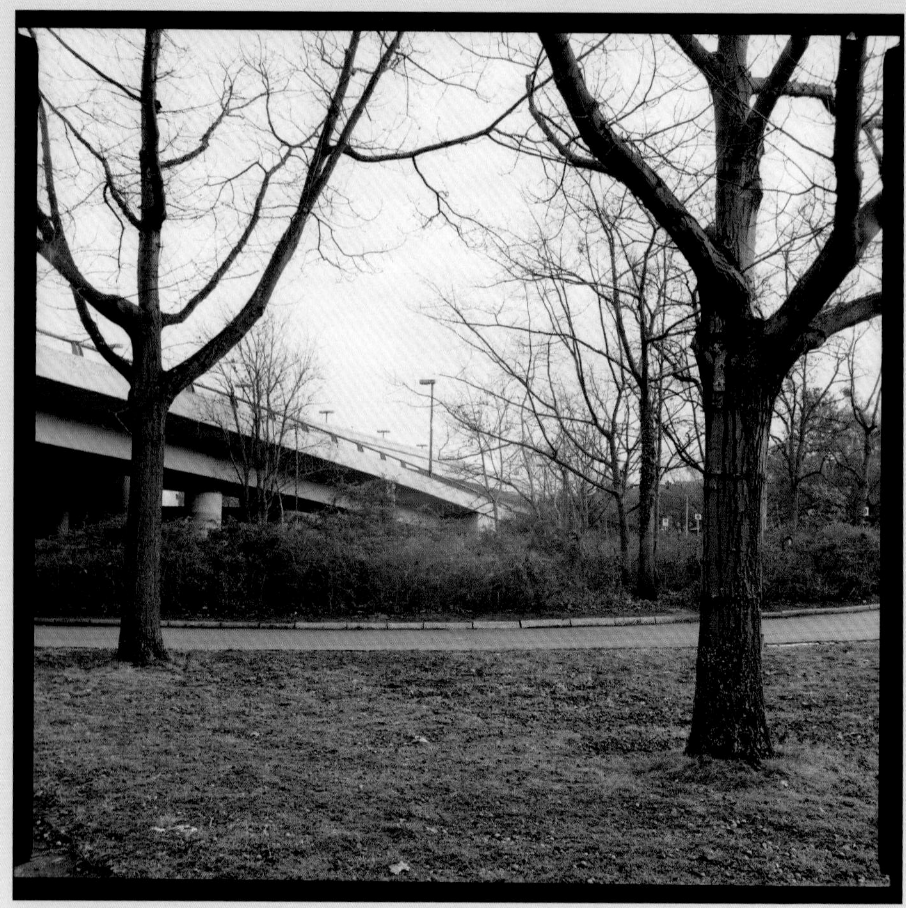

Grünanlage zur Naherholung
an der Dillenburger Straße

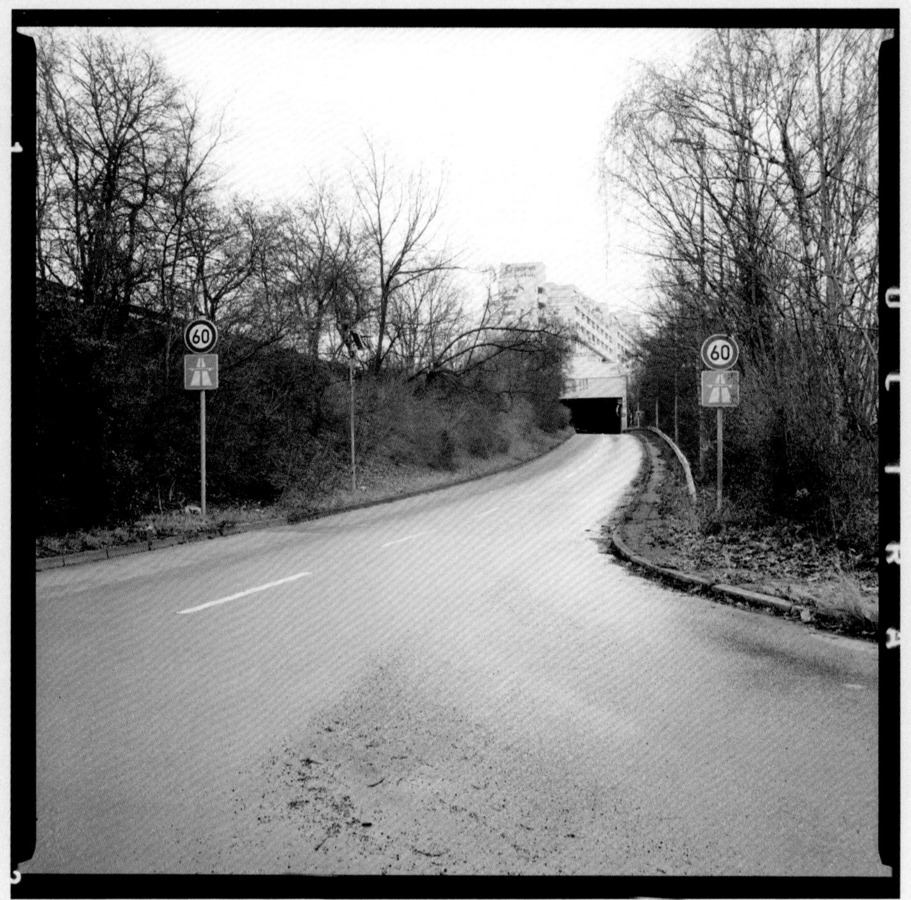


Südliche Autobahneinfahrt in den Tunnel
der Autobahnüberbauung Schlangenbader Straße.

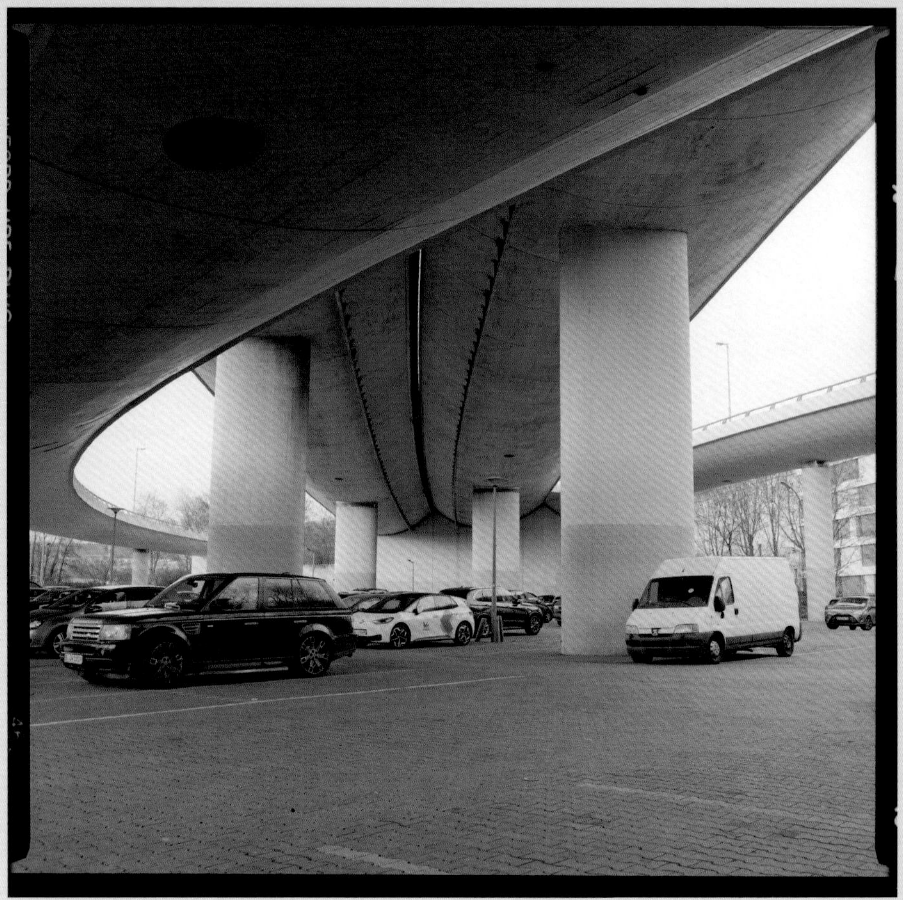

Exklusiver Parkplatz Nähe
Eisstadion in Schmargendorf

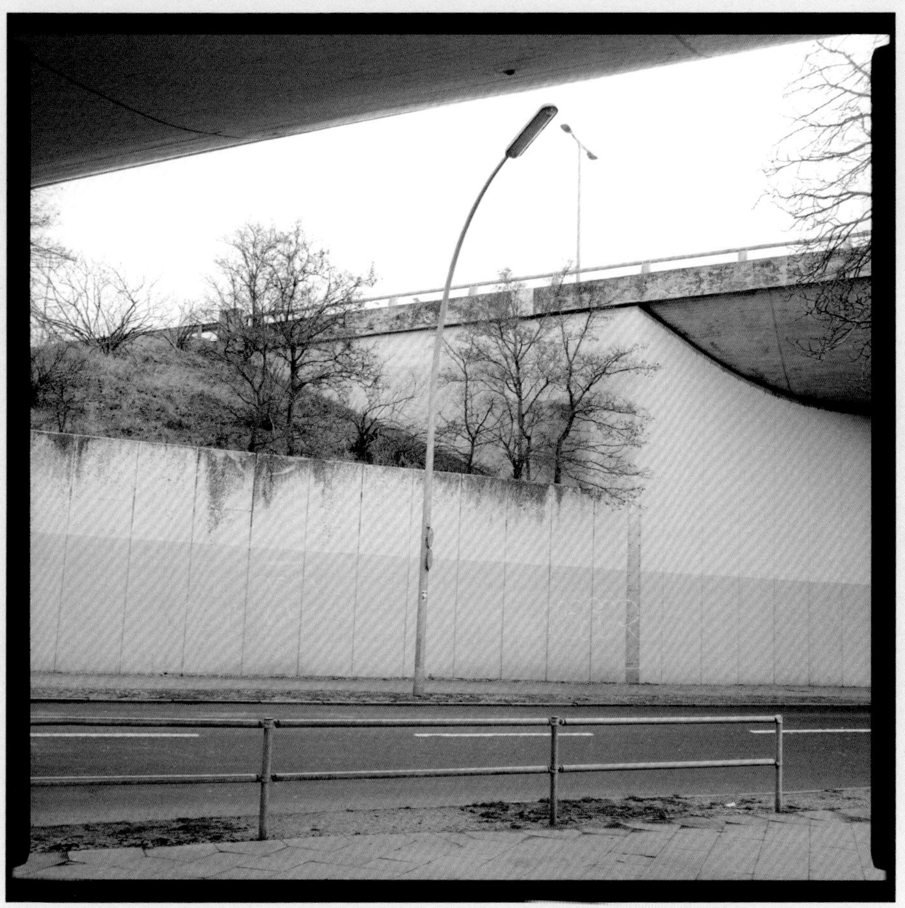

Blühende Stadtbäume direkt
an der Schnellstraße

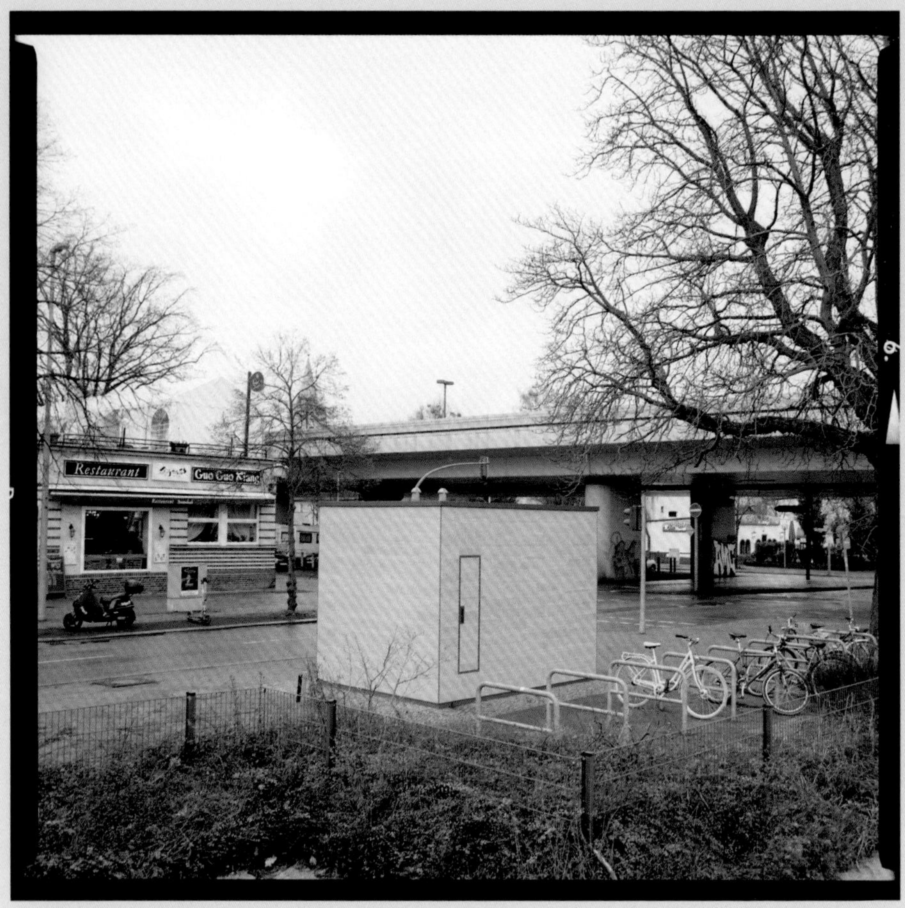


Alle Speisen zum Mitnehmen. Das Restaurant
Guo Guo Xiang am Breitenbachplatz 8

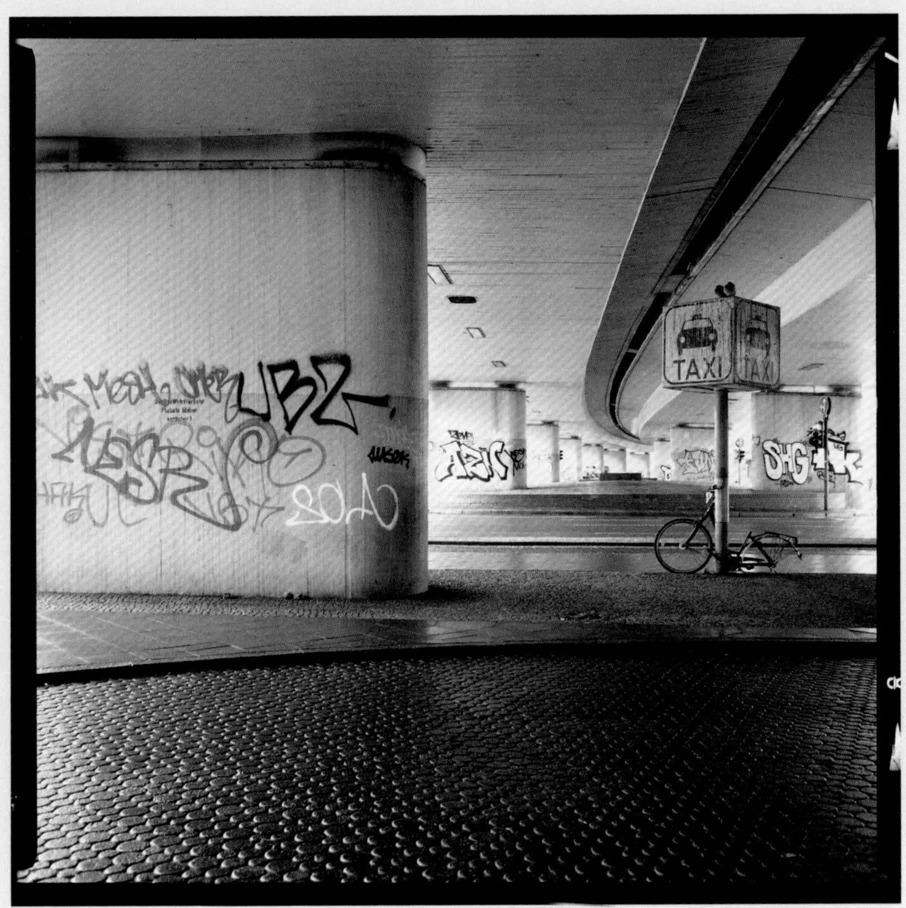


Geschützter Taxistand mit Rufsäule,
Breitenbachplatz

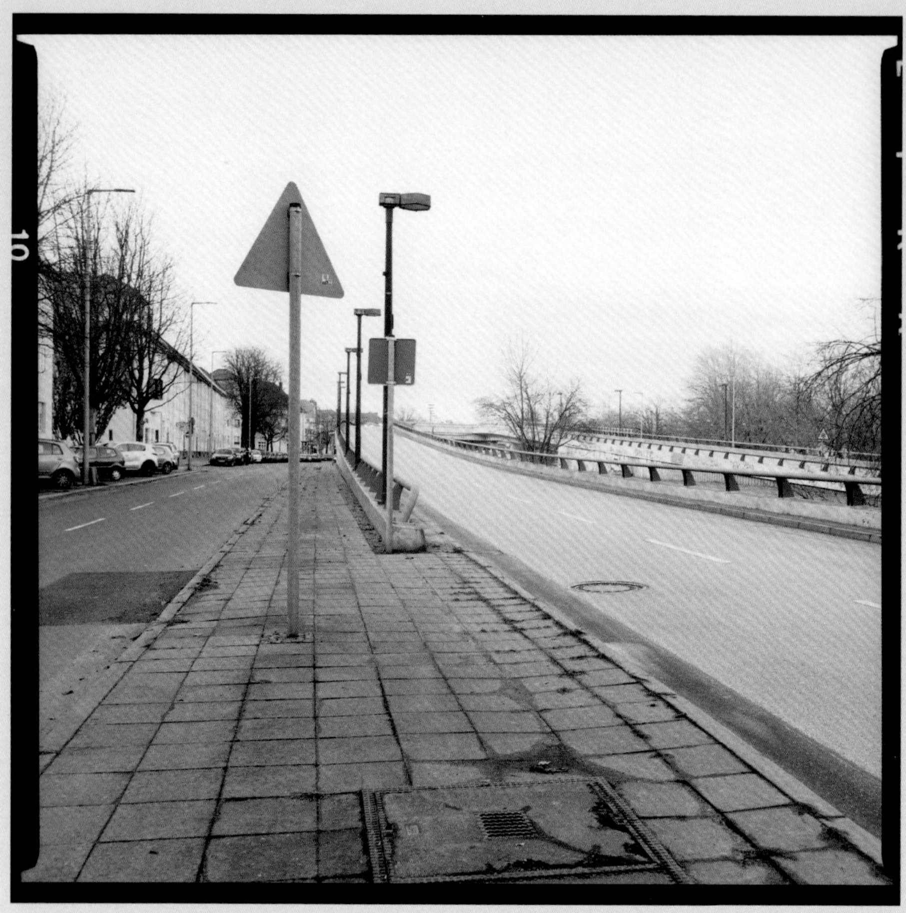

Die Schildhornstraße in Steglitz verläuft
zwischen Schloßstraße und Breitenbachplatz

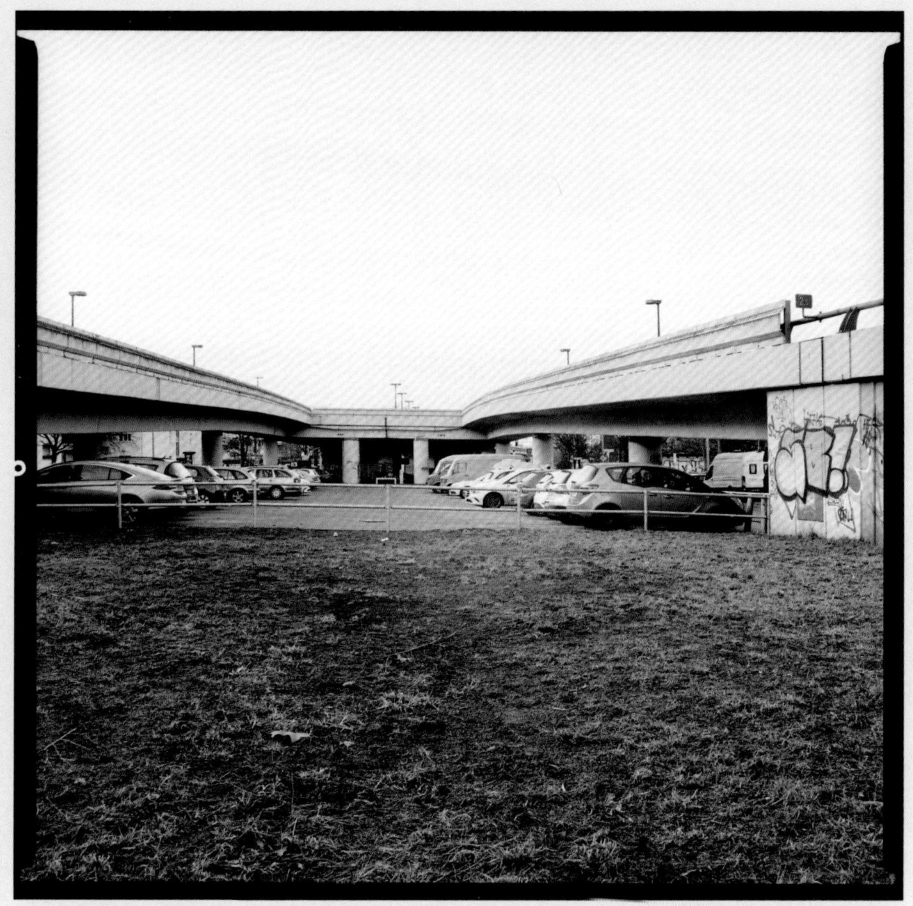

„Die Autobahnbrücke über dem Breitenbachplatz, eingeweiht 1980, ist Ausdruck einer längst überkommenen Verkehrsplanung.“ (Hans Stimmann)

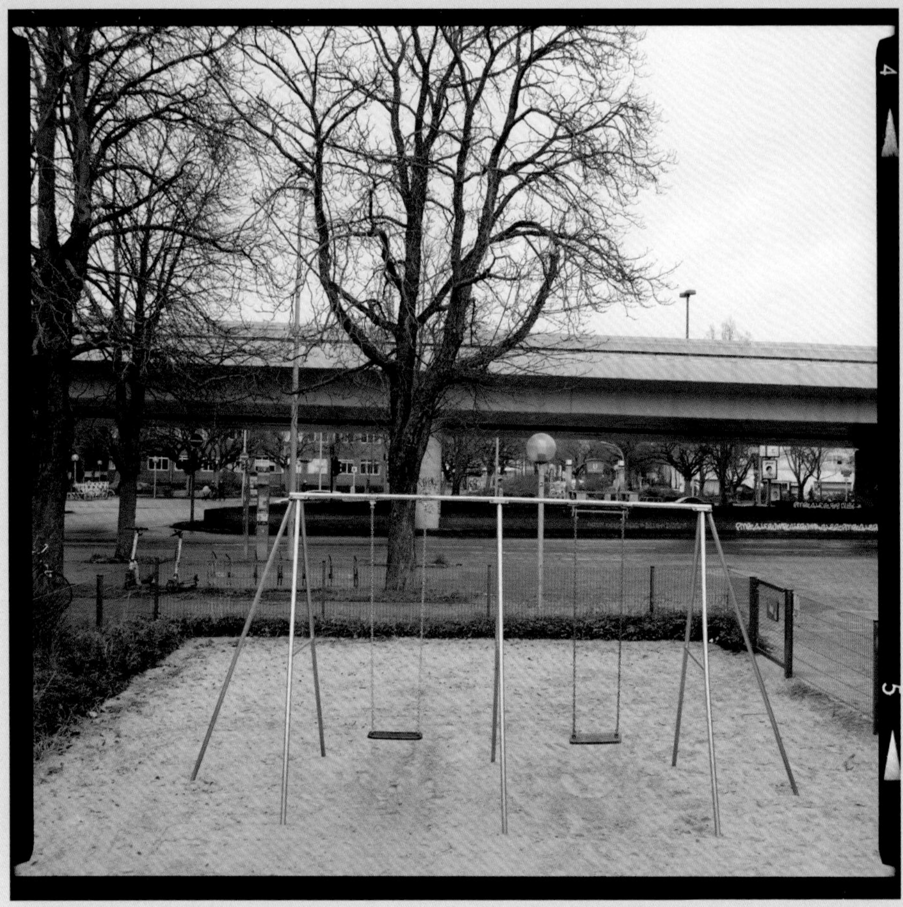

Kinderspielplatz mit Schaukeln und Rutsche
(nicht im Bild) auf dem Breitenbachplatz

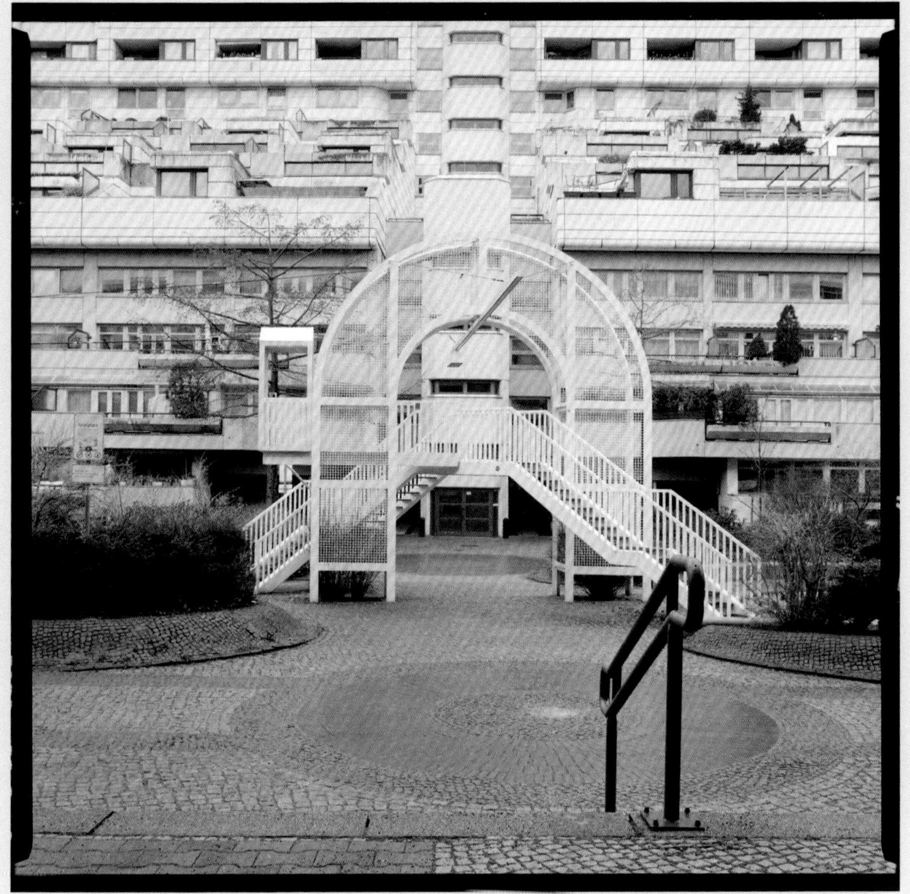

Berliner Unikat: Wohnkomplex Schlangenbader Straße, umgangsprachlich auch „Schlange“ genannt, seit 2017 unter Denkmalschutz

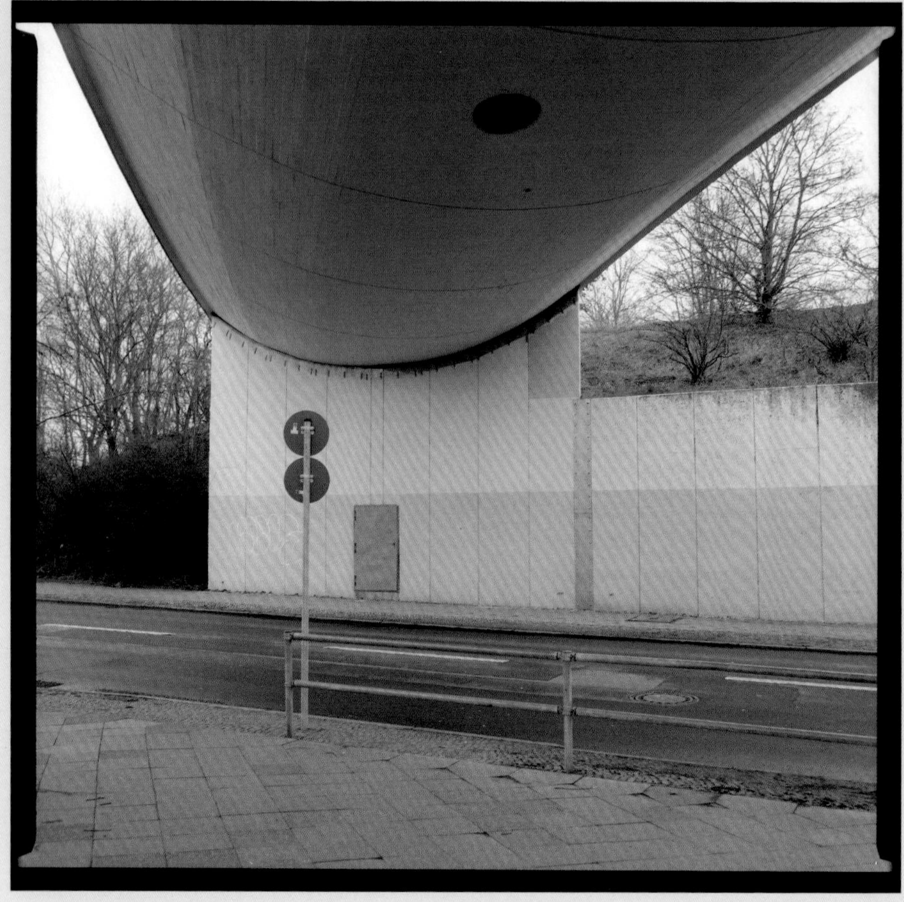

Der Fotograf Andreas Rost, der seit vielen Jahren die Schönheiten und Monstrositäten Berlins in Bildern festhält, hat für dieses Buch den Brücken-Brutalismus des Stadtautobahn-Abzweigs Wilmersdorf in Augenschein genommen. Mit Start am Friedhof Wilmersdorf führt die einstige A 104 durch die Wohnüberbauung Schlangenbader Straße hindurch, ehe sie über den Breitenbachplatz hinweg in die vielbefahrene Schildhornstraße mündet, von wo es über die Joachim-Tiberius-Brücke nach Steglitz geht. Nach einem Impuls des AIV zu Berlin-Brandenburg und seinem Kuratoriumsmitglied Hans Stimmann will die neue Berliner Koalition dieses 3,6 Kilometer lange Wahrzeichen der autogerechten Stadt abreißen und dort in Zukunft neue urbane Räume schaffen – mit einem Breitenbachplatz, der wieder eine lebenswerter Ort wird, und mit urbanem Wohnen und Arbeiten auf einer Riesenfläche von 142.000 Quadratmetern.

Sichtbar geworden ist dieser Prozess vor allem im 1920 gebildeten Groß-Berlin und den Großkraftwerken Klingenberg, Moabit und Kraftwerk West, gelegen vor den sprichwörtlichen Toren der Stadt an der Spree. Die Kraftwerksbauten berühmter Architekten und Ingenieure (Walter Klingenberg, Werner Issel, Hans Heinrich Müller, Hans Hertlein, Franz Schwechten) wurden allerdings im Stadtbild und in der Stadtwahrnehmung zu wenig präsenten Symbolen der architektonischen Moderne. Architektonisch wurde Berlin als Elektropolis vor allem durch die zahlreichen Abspannstationen sichtbar (Architekt Hans Heinrich Müller). Zum Glück für die Stadt blieben sie auch nach ihrer Schließung erhalten und bereichern heute mit neuen Nutzungen die städtische Atmosphäre.

Die historisch jüngste Kategorie der mit der Elektrizität verbundenen Infrastruktur bildet die Fernwärmeversorgung zunächst als zusätzliche Funktion der Stromversorgung und dann vor allem seit den sechziger Jahren des 20. Jahrhunderts mit eigenen Heizkraftwerken als Element eines ausgedehnten Wärmeverbundnetzes. Die gesamte Entwicklung der Strom- und Wärmeerzeugung sowie der Verteilung ließe sich exemplarisch am Standort Wilmersdorf und des hier nun im Abriss befindlichen Heizkraftwerks nachvollziehen. Zuerst entstand hier in den Jahren 1911/12 am Rande der noch selbständigen bürgerlichen Stadt Wilmersdorf das erste Kohlekraftwerk in zurückhaltend architektonischer Sachlichkeit (Architekt Hans Liepe) mit einem freistehenden Kohlensilo, Kühltürmen, Maschinen- und Kesselhäusern, einem Wohnhaus und Verwaltungsgebäude.

## Verpasste Chancen für Nachnutzungen

Nach dem Ende des Zweiten Weltkrieges erfolgte die Teildemontage und danach die Wiederinbetriebnahme durch die West-Berliner Bewag. Parallel mit der vom West-Berliner Senat betriebenen Planung und dem Bau der Stadtautobahn wurde der

Kraftwerksbetrieb ab 1964 nach gut 50 Jahren nach und nach eingestellt. Es folgten Abbrüche des Kohlensilos, der Kühltürme und zuletzt der Maschinenhalle. Schließlich entstand ab 1974 auf dem nordwestlichen Grundstücksteil des historischen Kraftwerkstandortes ein von Gasturbinen betriebenes Heizkraftwerk, das nun seinerseits nach knapp 50 Jahren Betriebszeit abgerissen wird. Auf dem Areal verbleiben aus der ursprünglichen Altbausubstanz nur ein Umformergebäude sowie die erst 2018 neu gebaute Anlage zur Heizwassererzeugung als Spitzenlastanlage. Mit den farblich markanten Bauteilen der 38 Meter hohen Abgaswärmetauscher und den 102 Meter hohen Schornsteinen verschwinden architektonische Monumente der jüngsten Berliner Kraftwerksgeschichte aus der von Stadtautobahnen geprägten Stadtlandschaft.

Der Kraftwerksbetreiber Vattenfall Wärme Berlin AG preist den Abriss als Baustein für den Einstieg in „eine klimaneutrale Stadt" und verkündet, an Plänen für eine Nachnutzung „von freien Flächen auf dem Betriebsgelände zu arbeiten". Wer den Abriss des Kraftwerks, dem schon zwei der drei Schornsteine zum Opfer gefallen sind, verfolgt und die benachbarten ehemaligen Industrieareale der Reemtsma-Zigarrenfabrik westlich der Stadtautobahnanlagen betrachtet, erkennt darin weniger Zeichen einer Wende zur Klimaneutralität und Verkehrswende, sondern eher eine verpasste politische Chance des Landes für kulturelle, wirtschaftliche und soziale Nachnutzungen eines ehemaligen Industrieareals in bester Innenstadtlage mit S- und U-Bahn-Anschluss.

Als Vorbild für eine attraktive gemischte Nachnutzung hätte sich die Umnutzung des Londoner Kraftwerks Battersea angeboten, das berühmt geworden ist durch das Cover der Pink-Floyd-Platte „Animals" mit dem zwischen den Schornsteinen fliegenden aufgeblasenen Schwein. Hier entstanden nach 2013 ein Einkaufszentrum, Hotels, Wohnungen, Büros und soziale Einrichtungen. Battersea blieb als Industriedenkmal erhalten, und die Umgebung wurde aufgewertet. Die in Berlin unter rot-grün-roten Vorzeichen erfolgte Einstufung der ehemaligen innerstädtischen Industrieareale und des Heizkraftwerkes als Belastung, anstatt sie als Potential für eine nachhaltige Entwicklung zu betrachten, wirkt zudem noch besonders aus der Zeit gefallen, da der aus der „guten alten“ West-Berliner Zeit autogerechter Stadtutopien stammende überflüssige Stadtautobahnabzweig Wilmersdorf nicht etwa zurückgebaut wird, sondern nun erst recht als Monument einer in den

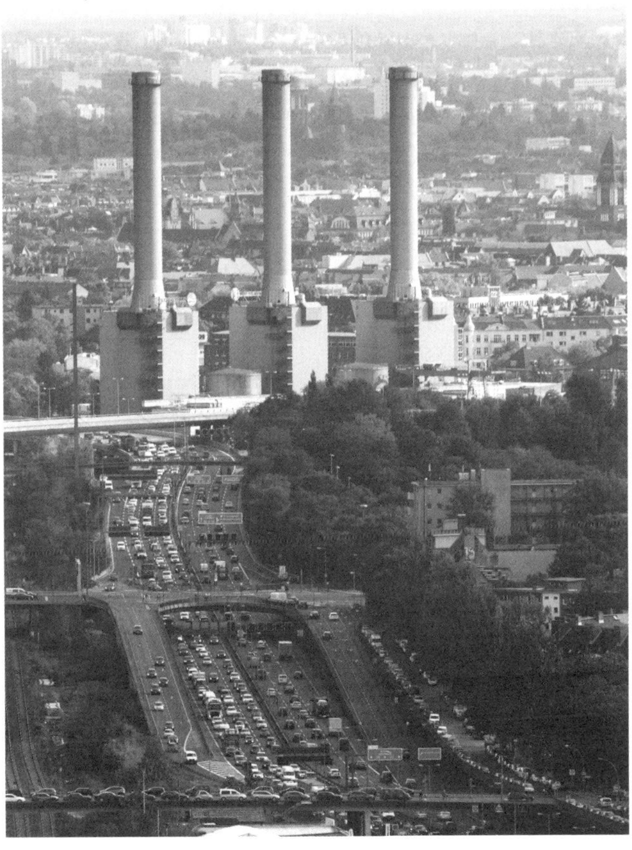

Vor Abriss des Heizkraftwerks Wilmersdorf: Blick auf die damaligen drei 102 Meter hohen Stahlblechschornsteine

siebziger Jahren gebauten autogerechten Stadtvision zur Geltung kommt. Die gespenstische aktuelle Situation wirkt daher eher wie eine Filmkulisse des 1974 von Kraftwerk veröffentlichten Albums mit dem Titel „Autobahn“.

*Hans Stimmann veröffentlichte seinen Artikel am 4. Januar 2022 in der* Frankfurter Allgemeinen Zeitung *mit der Überschrift: „Abriss in Berlin: Interessiert kein Schwein“.*

## Sozialer Wohnungsbau

# Freie Fahrt durch den Bauch der Betonmonster

Die Berliner Denkmalpflege setzt Prioritäten – und stellt sich schützend vor eine „Wohnmaschine" der siebziger Jahre. Sie sieht in ihr nicht die 1965 von Alexander Mitscherlich beklagte „Unwirtlichkeit", die er in den peripheren Großsiedlungen wie der Gropiusstadt und im Märkischen Viertel fand, sondern ein innerstädtisches Projekt des sozialen Massenwohnungsbaus. Es handelt sich um realisierte Beispiele einer „Stadt in der Stadt", wie sie 1977 Oswald Mathias Ungers vorschwebte als Vision einer Transformation West-Berlins in eine Insel, die aus architektonischen Objekten besteht.

Getreu dem Motto der Ausstellung „Rettet die Betonmonster" im Deutschen Architekturmuseum in Frankfurt hat die Berliner Denkmalpflege im Dezember 2017 mit der Unterschutzstellung realisierter Objekte der siebziger Jahre reagiert – darunter der 600 Meter langen Überbauung eines Teilstückes der Stadtautobahn. Doppelt so lang wie die Berliner Wohnmaschine von Le Corbusier (141 Meter) enthält das Fragment einer Bandstadt mit 1758

Wohneinheiten mehr Wohnungen als das gesamte Hansaviertel der Interbau von 1958.

Das als Projekt des privaten Projektentwicklers Heinz Mosch seit 1971 geplante und nach dem Konkurs seines Unternehmens seit 1974 von der städtischen Wohnungsbaugesellschaft Degewo bis 1982 realisierte Projekt war von Anfang an höchst umstritten – nicht wegen seiner anspruchsvollen Architektur, sondern wegen seiner bis dahin nur in Großsiedlungen bekannten Dimensionen und seiner konzeptionellen Beziehung zur längst in die Krise geratenen Stadtautobahnplanung West-Berlins aus den sechziger Jahren. Dazu kam eine schwer durchschaubare Verflechtung privater und öffentlicher sowie verkehrsplanerischer und architektonischer Interessen bei der Planung und Realisierung der teilweisen Überbauung eines 2,7 Kilometer langen Stadtautobahnabzweiges. Architekt war Georg Heinrichs, einer der Co-Autoren des städtebaulichen Konzepts für die Großsiedlung Märkisches Viertel, in dem auch der junge seit 1963 an TU lehrende Oswald Mathias Ungers seinen ersten Großauftrag mit 1450 Wohnungen realisieren konnte. So war das damals in einer Zeit, als Ost- und West-Berlin versuchten, sich nach dem Mauerbau mit Großsiedlungen und Großprojekten die jeweilige Überlegenheit zu demonstrieren und noch nebenbei die Stadt neu zu erfinden.

Im Westen Berlins gehörte dazu nach der Abschaffung der Straßenbahn Ende 1967 die völlige Umstellung auf das Leitbild der autogerechten Stadt, die Zerlegung des traditionellen Stadtgefüges mit Straßenverbreitungen, Tunnel und Stadtautobahnen wie beim Abzweig Wilmersdorf eben auch in Hochlage über den Breitenbachplatz. Der Bau der Autobahn hatte begonnen, da trat im April 1971 eine bis dahin mit dem Projekt nicht befasste Architektengruppe (AKS 6) mit dem Vorschlag an die Öffentlichkeit, eine direkt an die Autobahntrasse gerückte Bebauung durch eine Einhausung der Autobahn zu schützen. Der Architekt der Randbebauung Georg Heinrichs nahm diesen Vorschlag auf und entwickelte daraus eine terrassenförmige 14-geschossige lineare Überbauung der Schlangenbaderstraße, mit der er sich auf avantgardistische Bandstadtvorbilder bezog.

In der Fachöffentlichkeit wurde das Projekt wegen der versprochenen gleichzeitigen Lösung der Wohnungsfrage, der Überwindung der Bodenknappheit und Lärmbelästigung – alles ohne Mehrkosten – als Durchbruch begrüßt. Doch der private Projektentwickler hatte sich mit seinen Versprechungen, die Mehrkosten der Einhausung durch eine kostenlose Nutzung des Baulandes für Wohnungen (davon 50 Prozent Sozialwohnungen) über der Autobahn zu kompensieren, auch nach der Zusage der Finanzierung des Autobahntunnels aus Landesmitteln verkalkuliert. Durch Vermittlung des neu ins Amt gekommenen Bausenators Riebschläger wurde das genehmigungsreife Projekt 1975 der landeseigenen Degewo übertragen. Als Senator und Aufsichtsratsvorsitzender der Degewo sorgte er dafür, dass das Wohnungsbauprojekt als Demonstrationsbauvorhaben mit der Begründung, Berlin habe mit dem „kühnen Bauvorhaben [...] an die Tradition seiner beispielhaften Bauleistungen angeknüpft" (Baumeister Dieter Haack, 1980), zusätzlich mit Bundesmitteln gefördert wurde.

Trotz der Kostenübernahmen und Finanzhilfen entstanden hier so die bis dahin teuersten Sozialwohnungen Berlins. Entstanden war nach 10 Jahren Planungs- und Bauzeit das Gegenteil eines hochsubventionierten Projekts einer autoorientierten Stadtlandschaftsutopie, die bis heute den Breitenbachplatz zerstört und das Wohnen in der im alten Profil erhaltenen Schildhornstraße schwer erträglich macht. Zur Bewertung dieser nun denkmalgeschützten Großform hat Wolf Jobst Siedler im Januar 1977 kritisch angemerkt: „Nicht die Konkurse, sondern die Fehlplanungen sind der Skandal der Baupolitik Berlins". Und die „trostloseste wird die Stadtautobahnüberbauung sein, die technisch interessant und architektonisch über dem Niveau dieser Stadt liegt – aber stadtplanerisch zu den schlimmsten Missgriffen eines als Architekt begabten

Senatsbaudirektors zählt. Schaut man näher zu, wird nur zu bald deutlich, dass hinter der krassen Fehlentscheidung auch kein Planungsfehler steht, sondern die Abwesenheit von Planung. Ein privater Bauunternehmer hatte das Gelände zusammengekauft und seine eigene Stadtplanung gemacht. Die Stadt kam erst zum Zuge, als die Rezession das Renditedenken des Unternehmers desavouierte und die öffentliche Hand das Unternehmen, für das schon als Zuführung des nicht vorhandenen Verkehrs die Breitenbachplatz-Überbauung errichtet worden war, rettend übernehmen musste."

Die Bewertung des konservativen Kritikers der Abrisspolitik des Berliner Senats verkehrt der von der Partei Die Linke gestellte Kultursenator Dr. Klaus Lederer vierzig Jahre später ins glatte Gegenteil. Er übernimmt (offensichtlich unwissend) die politische und fachliche Bewertung der West-Berliner Planungs-, Wohnungsbau- und Architekturszene vor dem Mauerfall und begründet die Unterschutzstellung nicht mit dem Zeugniswert der krassen Fehlentscheidungen der siebziger Jahre, sondern erläutert den besonderen Rang des Baudenkmals mit den Worten: „Von der städtebaulichen Figur über die variantenreichen Grundrisse bis zu konstruktiven technischen und organisatorischen Lösungen stellt die Wohnanlage einen Höhepunkt der Berliner Architektur der siebziger Jahre dar und weist in ihrem Anspruch und Qualitäten weit über die Grenzen der Stadt hinaus".

Natürlich sollte man die Überbauung trotz der enormen hohen Betriebskosten und der Verwendung von Eternit bei der Fassadenverkleidung und den Lüftungsanlagen, die die überfällige Sanierung extrem kostenaufwändig macht, als Teil des urbanistischen Erbes des von Finanz- und Baukrisen geschüttelten alten West-Berlin sozusagen als Mahnmal bewahren und – soweit das bei vertretbaren Kosten möglich ist – auch modernisieren. Diesen Prozess hat die landeseigene Degewo mit Instandsetzungsarbeiten vorsichtig begonnen. Die Entscheidung über die überfällige Grundsanierung und Modernisierung hat sie erst einmal vertagt.

Doch muss sich die Denkmalpflege, die das Projekt als „Höhepunkt der Berliner Architektur der siebziger Jahre“ einstuft, auch mit dem Breitenbachplatz befassen, wo die Autobahn in Hochlage seit 1980 den aus den zwanziger Jahren stammenden Platz zerstört und verlärmt. Nun hat sich die Bezirksverordnetenversammlung Steglitz vor einigen Monaten ohne Kenntnis der internen Denkmaldebatte einstimmig für den Abriss der Hochstraße ausgesprochen. Wer den Ort kennt, der kann sich dem nur anschließen.

Der Breitenbachplatz würde so den Bewohnern wenigstens gestalterisch wieder zurückgegeben. Wenn nicht der Denkmalschutz dazwischen kommt, wäre das doch einmal ein Projekt des überfälligen Abschiedes von den Vorstellungen der autogerechten

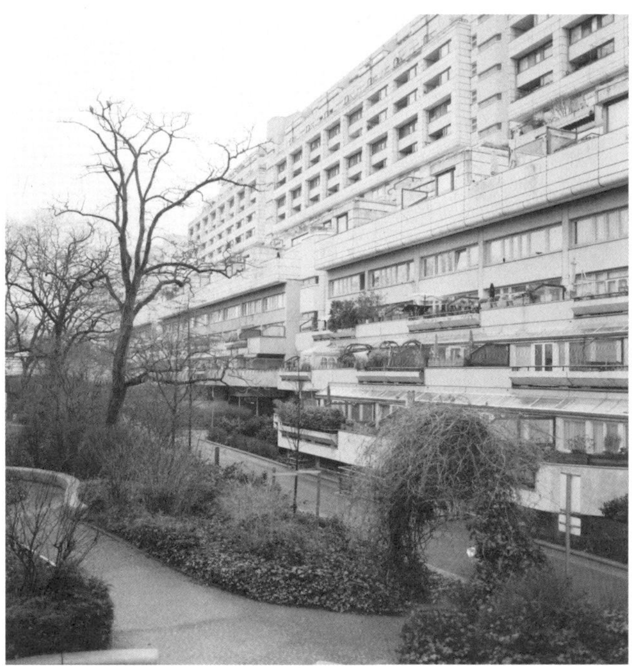

Schlangenbaderstraße 12–35: Wohnanlage mit Terrassenhaus, 1976 bis 1981 nach Entwürfen von Georg Heinrichs gebaut

Stadtlandschaft der siebziger Jahre des vorigen Jahrhunderts für die den Grünen zugerechnete Verkehrssenatorin. Wenn der Senat die politischen Forderungen aller Parteien des Bezirkes für den Abriss übernähme, würde aus dem Denkmal des mit öffentlichen Mitteln gebauten Bandstadtfragments eine Art Mahnmal, das wie ein riesiges Kreuzfahrtschiff im Meer der Vorstadt vor Anker gegangen ist.

*Hans Stimmann veröffentlichte am 24. März 2018 in der* Frankfurter Allgemeinen Zeitung *seinen Artikel unter der Überschrift „Sozialwohnungen: Freie Fahrt durch den Bauch der Betonmonster".*

# Von Baracken und Nissenhütten

## Wie Lübeck seine Kriegsgefangenen und Flüchtlinge unterbrachte

Wer sich 2015 in einer Architekturfachzeitschrift wie der *Bauwelt* über die aktuelle Flüchtlingsfrage mit einem Text über die Unterbringung von Flüchtlingen aus den Ostgebieten des Deutschen Reiches nach Kriegsende 1945 zu Wort meldet, läuft Gefahr, missverstanden zu werden. Denn auch wenn die Schicksale von damals und heute „auf eine ganz existenzielle Weise" zusammengehören, so Joachim Gauck in einer Rede zum Weltflüchtlingstag 2015, ist die heutige Situation mit der Nachkriegszeit nicht vergleichbar. Deutschland ist wiedervereinigt und wohlhabend, und die Menschen kommen nicht aus von der Roten Armee eroberten deutschen Städten, sondern aus Syrien, Afghanistan, Irak oder afrikanischen Staaten. Und so sehr sich die Bilder von endlosen Fußgängerströmen oder der provisorischen Erstunterbringung in Zelten, Containern, Sport- oder Messehallen ähneln mögen, so groß sind doch die sozialen, kulturellen, wirtschaftlichen und politischen Unterschiede.

Es gab nach Kriegsende in den vier Besatzungszonen niemanden, der sagte: „Wir schaffen das". Und schon gar nicht wurde über die Aufnahmekapazitäten der Kommunen oder die Schließung der Außengrenzen politisch gestritten. Die Tatsache der Umsiedelung/Vertreibung der deutschen Bevölkerung als Konsequenz des verlorenen Krieges war ein Ergebnis der Verträge der Siegermächte und der darin festgelegten Neuordnung der Landesgrenzen. Die Betroffenen mussten mit dem Verlust ihrer Heimat den Preis für den Krieg Deutschlands bezahlen. Als Ankommende waren sie in den zerbombten Städten mit deren eigenen Problemen der Wohnungsversorgung natürlich nicht willkommen, aber mit Blick auf die besonderen politischen Umstände war ihre Aufnahme – anders als heute – alternativlos. Sie konnten sich nach der Registrierung und Zuweisung ihrer ersten Wohnorte frei bewegen, sich um Arbeit bemühen, die Kinder unterlagen der Schulpflicht. Zudem flüchteten nicht etwa – wie heute – überwiegend junge Männer. Es kamen alle, ganze Familien, wenn auch häufig ohne Väter, die sich oft noch in Gefangenschaft befanden oder gefallen waren. Was bleibt, ist die Dimension (12 bis 14 Millionen Menschen) und die mit der Erstaufnahme beginnende, beiderseitige Integrationsleistung. Deren Besonderheit und Verlauf will dieser Text am Beispiel der damals in der britischen Besatzungszone liegenden Stadt Lübeck verdeutlichen.

In Lübeck waren nach dem Krieg über 80.000 Flüchtlinge (ca. 40 Prozent der Gesamtbevölkerung) registriert. Die meisten lebten zunächst in extra dafür entworfenen Baracken oder Nissenhütten, ehe sie in den neuen Siedlungen einen dauerhaften Wohnsitz erhielten. Heute ist die Stadt Lübeck ein Ort, an dem die Vergangenheit als Hansestadt die dramatischen Jahrzehnte nach der Zerstörung der Altstadt 1942 und alle Gegenwart über-strahlt. Im Mai 2015 wurde in der Altstadt ein Hanse-Museum eröffnet, das zusammen mit dem 1987 erlangten Weltkulturerbestatus der Altstadt den musealen Grundton der Außen- und Selbstwahrnehmung verstärkt. Dies lässt die dramatischen Kriegszerstörungen und den Wiederaufbau, aber erst recht die 115 (Baracken-)Lager, das Lübecker Durchgangslager (in dem über 600.000 Ankommende registriert und weiter verteilt wurden) und die Neubausiedlungen als neue Heimat von etwa 97.000 Vertriebenen und Flüchtlingen leicht vergessen. Doch gerade dies ist die Phase der Stadtentwicklung, in der Lübeck mit der Aufnahme von vertriebenen Landsleuten – zuerst in Lagern

Schema einer 5 m breiten Nissenhütte mit gemauerten Giebeln und einer 7,3 m breiten mit seitlichen Einbauten. Der Aufbau: Rippe, Pfette, inneres und äußeres Wellblechdach.

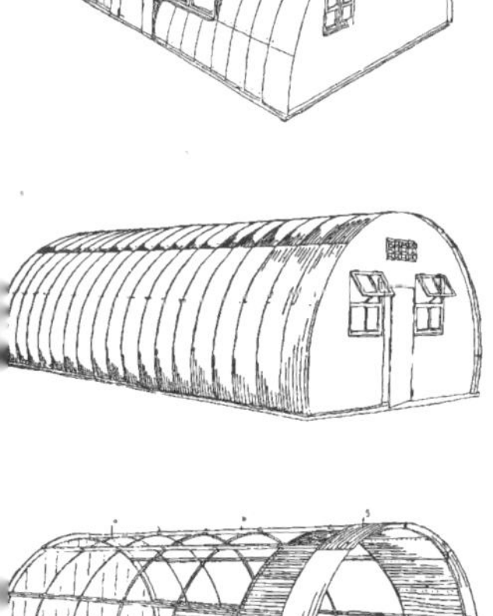

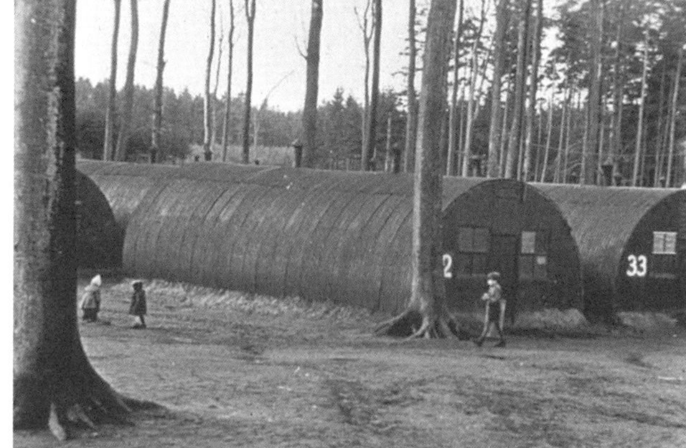


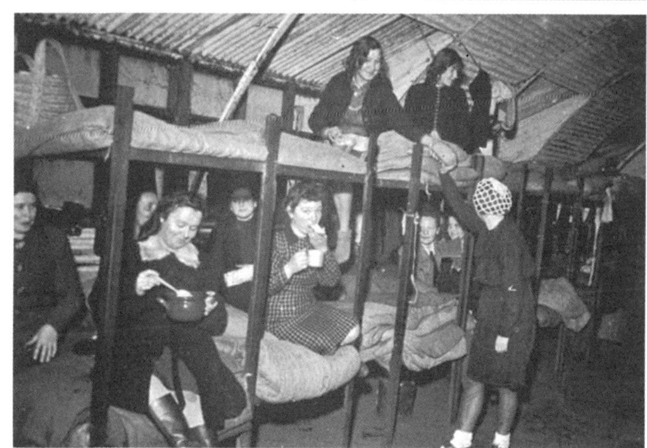

Flüchtlingsalltag im Lager Pöppendorf 1947 in den im Waldhusener Forst aufgestellten Nissenhütten.

und dann in Siedlungen, die u.a. von Hans Bernhard Reichow oder von Ernst May entworfen wurden – zur Großstadt mit 240.000 Einwohnern wurde. Der sprunghafte Anstieg der Einwohnerzahl hatte allerdings als Folge der wachsenden Industrie, auch der Rüstungsindustrie, schon vorher begonnen (1924: 124.000, 1937: 143.000, 1939: 160.000, 1942: 173.000). Dabei wurden seit 1939 auch die Zwangsarbeiter und Kriegsgefangenen, unter anderem aus Polen, der Tschechoslowakei und der UdSSR, mitgezählt. Deren Unterbringung er-folgte überwiegend in Baracken, meist isoliert vom Alltag der Stadt, auf dem jeweiligen Firmengelände oder in dessen unmittelbarer Nähe. Integration war kein Ziel, im Gegenteil, es ging um Isolierung. Zwischen 1933 und 1945 entstanden 85 Lager, überwiegend mit ein-, manchmal zweigeschossigen Baracken. Dazu kamen sogenannte Steinlager und Unterkünfte in umgenutzten Kasernen, Straßenbahndepots, Turnhallen und Hafenschuppen.

## Das Neufertsche Bausystem

Auch wenn die schnell entstandenen Zwangsarbeiterlager nicht gerade zu den Leistungen deutscher Baukultur zu rechnen sind, geschah ihre Anlage nicht ohne „städtebauliche“ Rationalität. Die größeren Lager (z.B. Flenderlager mit 2.500 Plätzen oder Gothmundlager mit bis zu 2.600 Plätzen) folgten dem Muster moderner Wohnsiedlungen in Zeilenbauweise, nur eben aus modular hergestellten Baracken. Angesichts der ersten Brandbombenangriffe auf Lübeck 1942 und Hamburg 1943 wurden solche Unterkunftsbauten schnell und systematisch konstruiert und architektonisch gestaltet. Dies geschah auf Anweisung von Generalbauinspektor Albert Speer durch Ernst Neufert, der die Ergebnisse seiner Arbeit 1943 in der Bauordnungslehre (BOL) veröffentlichte. Neufert ging es um die Herausarbeitung „rationeller Baukonstruktionen auf die gefundenen Maßbeziehungen, wie sie der totale Krieg erfordert“. Die BOL wurde durch entsprechende Verbindlichkeitserklärungen bei allen kriegsbedingten Bauvorhaben Grundlage für die entwerfenden Architekten. Zur Beruhigung etwaiger Kritiker endete die Einleitung zum Normenwerk im Baubereich mit einem Goethe-Zitat: „Wer Großes will, muß sich zusammenraffen; in der Beschränkung zeigt sich erst der Meister, und das Gesetz nur kann uns Freiheit geben".

Dem Thema der „Unterkunftsbauten in deutscher Tafelbauweise" (Baracken) widmete die BOL ein eigenes, vom Bauingenieur Ewald Neubauer bearbeitetes Kapitel. Aus einem aus der Analyse historischer Maßsysteme entwickelten Grundmaß für Industriebauten von 2,50 Metern leitete Ernst Neufert das „Grundmaß für Unterkunftsbauten" (UBA) von 1,25 Metern ab. Nach diesem UBA wurden die Tafeln für Wände, Fußböden, Decken und Dächer aller Unterkunftsbauten bemessen. Die daraus entstandenen Architekturen wurden vom Beauftragten für Normungsfragen neutral klingend Unterkunftsbauten, im Volksmund aber Baracken genannt.

Im einleitenden Kapitel „Unterkünfte" stellte Neufert das Maßsystem aus „möglichst gleichen Einzelteilen mit beliebiger Variationsfähigkeit" für „Eingeschoßbauten und Mehrgeschoßbauten" dar. Das modular aufgebaute, sorgfältig konstruierte System wurde exemplarisch mit Grundrissbeispielen für „Luftwaffenunterkünfte" illustriert. Die Festlegung der Raumhöhe von 2,75 Metern erfolgte unter Berücksichtigung bauaufsichtlicher, technologischer (Plattengröße) und ästhetischer Gesichtspunkte sowie in Abhängigkeit von der Nutzungsart (doppelt- oder dreifach gestapelte Betten). Für die unterschiedlichen Bedürfnisse wurden exemplarische Grundrisse entwickelt, aus denen sich bei zehn Metern Gebäudetiefe beliebig lange Zeilen zusammensetzen ließen. Aus Gestaltungsgründen wurde jedoch vorgeschlagen, die Länge auf 40 bis maximal 60 Meter zu begrenzen, um so auch für „Familienunterkünfte der Rüstungsindustrie" ganze Barackensiedlung für 500 Familien, ausgestattet mit Schule, Jugendheim und Gemeinschaftseinrichtungen, mit städtebaulichem Anspruch entstehen zu lassen.

Nach dem „Erfolg des Baues 2-geschossiger Behelfsunterkünfte für die Arbeiterfamilien der Rüstungsindustrie" entwickelte Ernst Neufert auf Veranlassung von Albert Speer das gleiche Bausystem für die Ersatzbauten der Bombengeschädigten (BFB). Die Bauverwaltung der Luftwaffe entwarf auf der Grundlage der UBA-Normierung freistehende Holzhäuser mit 88,5 Quadratmeter Nutzfläche. 32 Häuser dieses Typs wurden 1942/43 auch in Lübeck-Travemünde errichtet. Nach den Erfahrungen der ersten Bombenangriffe auf deutsche Städte ordneten Speer und Reichswohnungskommissar Robert Ley die Entwicklung von „Behelfsunterkünften in Massivbauweise" für „Gegenden, die Brandbomben besonders ausgesetzt sind", an. Mit diesem Typenspektrum sah sich Deutschland für die Aufrüstung und die nicht erwartete aber doch befürchtete Wohnungsnot Bombengeschädigter wie auch für die Unterbringung der Zwangsarbeiter der Rüstungsindustrie bestens gewappnet. Die verschiedenen Typenbauten kamen sämtlich auch in Lübeck zur Anwendung. Dabei dienten die Unterkunftsbauten in Tafelbauweise zunächst den Zwangsarbeitern. Eine Besonderheit bestand darin, dass diese Baracken nach dem Ende des Krieges den Vertriebenen und Flüchtlingen eine erste Unterkunft boten, bis sie schließlich für Siedlungsbauten der fünfziger Jahre abgerissen wurden. An diese für die Stadt und ihre Entwicklung während der Kriegs- und Nachkriegsjahre wichtigen Unterkunftsbauten erinnert nicht die kleinste Hinweistafel. Sie sind nicht nur als bauliches Zeugnis getilgt, sondern auch aus dem Gedächtnis der Stadt verschwunden. Nur für Eingeweihte sind die Standorte – heute meistens durch Neubauten genutzt – im Stadtbild erkennbar.

## Nissenhütten in Pöppendorf

Beim Flüchtlingsdurchgangslager Pöppendorf im Waldhusener Forst ist selbst das nicht mehr möglich. Das Gelände des Lagers Pöppendorf, einst eines der bekanntesten Deutschlands, ist vom

Forst zurückerobert worden. Es diente vor allem der Registrierung von Hunderttausenden aus Pommern und aus Ost- und Westpreußen vertriebenen Menschen. In fast fünf Jahren wurden etwa 620.000 Menschen von hier in andere Länder und Städte der damaligen Westzonen weiter verteilt. Errichtet wurde das Lager im Juli 1945 auf Befehl des achten britischen Corps als Entlassungs-Zeltlager der aus Norwegen zurückkehrenden Wehrmachtsangehörigen. Den 79.000 Soldaten folgten die Vertriebenen. Täglich kamen bis zu 3000 Menschen an. Von November 1945 bis Februar 1946 durchliefen rund 118.000 „Zwangsaussiedler" aus den sowjetisch besetzten Gebieten das Lager. Ihnen folgten etwa 195.000 Vertriebene aus Städten und Dörfern, die sich „unter polnischer Verwaltung" befanden und vom Februar 1946 bis Januar 1947 überwiegend per Schiff von Stettin kommend eintrafen. Ab 1947 nahm die Zahl der Ankommenden allmählich ab, gleichzeitig erhöhte sich die Verweildauer, auch weil in vielen Landkreisen eine Aufnahmesperre für den Zuzug von Flüchtlingen erlassen worden war. Am 31. Mai 1947 musste das Lager wegen Überfüllung vorübergehend schließen.

Bekannt geworden ist das Lager Pöppendorf nicht nur wegen der großen Zahl durchgeschleuster Flüchtlinge, sondern auch wegen der aufgestellten Nissenhütten, benannt nach dem Ingenieur Peter Norman Nissen. Als Wellblechbauten für die Britische Armee errichtet, waren sie den standardisierten deutschen Baracken ähnlich. Es handelte sich dabei um leicht zu montierende Systembauten aus 1,84 Meter breiten Stahlblechteilen mit zwei unterschiedlichen Durchmessern. Die Blechteile wurden im Inneren verkleidet und die Giebel und Trennwände gemauert. Da mit Ausnahme des Durchgangslagers Pöppendorf die Zwangsarbeiter- und späteren Flüchtlingslager von deutschen Dienststellen errichtet wurden, bildeten Nissenhütten in der britischen Besatzungszone, also auch in Lübeck, eine Ausnahme. Sie wurden jedoch – anders als die deutschen Baracken – zum Synonym einer provisorischen

Wohnunterkunft. Eine Umnutzung und ein Umbau für einen längeren Aufenthalt – wie bei Baracken üblich – erschien allerdings kaum möglich. Nach einer Besichtigung entsprechender Anlagen in Hamburg und Neumünster beschloss der Lübecker Senat am 13. Januar 1947, „dass Nissenhütten für die dauernde Unterbringung von Menschen ungeeignet sind". Sie wurden daher auch für die „Durchführung von Behelfskleinsiedlungen" als Bautypus abgelehnt.

Für die Unterbringung der in Baracken lebenden, ausgebombten Lübecker, vor allem aber für etwa 80.000 Vertriebene, wurden innerhalb kürzester Zeit auf verkehrlich erschlossenen, aber städtebaulich nicht geordneten, oft durch Barackenlager belegten Grundstücken Wohnungen mit bescheidenen Wohnungsgrößen und einfachster technischer Ausstattung in Zeilenbauweise errichtet. Als Bauträger von 20 Siedlungen fungierten städtische oder landeseigene Wohnungsbaugesellschaften und in einem Fall sogar eine von Heimatvertriebenen selbst gegründete Wohnungsbaugesellschaft mit dem programmatischen Namen „Neue Lübecker". Auch der Bund engagierte sich mit einem speziellen Förderprogramm und einem dazu bundesweit durchgeführten Architektenwettbewerb. In Lübeck entstand Anfang der fünfziger Jahre im Rahmen dieses Programms die zwei Kilometer von der Innenstadt entfernt liegende Siedlung Marília. Das Programm war Teil des Marshall-Plans, in dessen Rahmen 1950 zwischen den USA und der Bundesrepublik Deutschland das ECA (Economic Cooperation Administration) geschlossen wurde. Im Frühjahr 1951 schrieben die ECA-Sonderkommission für Deutschland und das Bundeswohnungsministerium einen „Versuchs- und Vergleichswettbewerb" für 3.300 Wohnungen aus. Hierfür wurden 37,5 Millionen DM bereitgestellt. Die sich bewerbenden Städte sollten Baugelände für 200 bis 300 Wohnungen in günstiger Lage zu den Arbeitsgebieten zur Verfügung stellen und die Erschließungskosten übernehmen. Ziel war es, möglichst viele Wohnungen mit höchstens 50 Quadratmeter Wohnfläche zu errichten. Die teilnehmenden Planer wurden aufgefordert, sich mit einem Bauunternehmer zu einer Arbeitsgemeinschaft zusammenzuschließen.

Die Arge war verpflichtet, das Bauvorhaben schlüsselfertig zum Festpreis anzubieten. Mit 725 Einsendungen war es einer der größten Wettbewerbe der Nachkriegszeit. Allein in Lübeck beteiligten sich 44 Architekten. Hier gewann das Team aus dem Architekten Hans Bernhard Reichow, dem Lübecker Bauunternehmer Blunck & Sohn und der Deutschen Porenbeton GmbH aus Hamburg. Als Bauträger firmierte die Wohnungsbaugesellschaft Schleswig-Holstein GmbH aus Kiel. Reichow schlug eine Zeilenbauweise im Abstand von 25 bis 40 Metern vor. Obwohl die Auslober des Wettbewerbs ausdrücklich zu experimentellen Bauweisen aufgefordert hatten, entschied sich Reichow für ein moderates Experiment. Die Tragwände wurden aus Kalksandstein und Celonit-Vollblocksteinen errichtet, die Trennwände aus Leichtbauplatten, die Decken aus Stahlbetonrippendecken mit Hohlkörperfertigteilen. Die Wohnungsgrößen variierten zwischen 42 und 65 Quadratmetern. Außer in Lübeck wurden in 14 weiteren Städten ECA-Siedlungen gebaut. Unter den 725 Entwürfen fand sich kein einziger, der sich alternativer städtebaulicher Muster bediente. So wurden sie alle als Zeilenbauten in Stadtlandschaften errichtet und sind austauschbar.

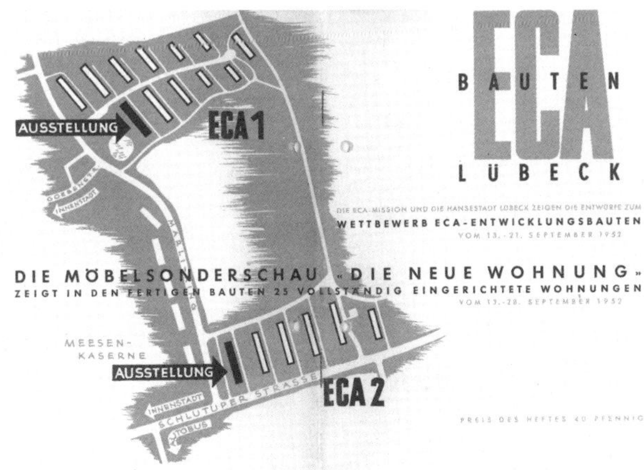

Was bleibt als deutsche Erfahrung im Umgang mit der Registrierung und der Unterbringung von Millionen Flüchtlingen und Vertriebenen? Können wir aus den darauf folgenden, vergleichsweise bescheidenen Wohnsiedlungen als neue Heimat etwas lernen? Schnell wird klar, dass die erste Registrierung und die damit verbundene Verteilung der Asylsuchenden in besondere Einrichtungen organisatorisch unabdingbar ist. Für die Erstunterbringung in den Gemeinden gibt es keine architektonisch-technischen Patentrezepte. Alles was hilft sollte heute ausprobiert werden. Jede Form von bauordnungsrechtlicher Überregulierung – etwa die Vorschrift zur Einhaltung der EnEV – verbietet sich angesichts der existenziellen Wohnungsnot. Es geht um Wohnunterkünfte auf Zeit, die sofort benötigt werden. Als Alternative zu den heute zu „Dörfern" zusammengestellten Containern bieten sich auch modular zusammengesetzte Holzbauten an, wie sie die Fertighausbranche seit langem produziert. Die Erfahrungen der Flüchtlingsunterbringung nach 1945 zeigen, dass diese Aufgabe vergleichsweise einfach zu lösen ist.

Das grundlegendere Problem ist die architektonische Dimension der Wohnungsfrage. Angesichts der sprachlichen, religiösen und kulturellen Vielfalt der Flüchtlinge verbietet sich jede Form von geschlossenen Siedlungsbauten am Stadtrand, wie es in der Nachkriegszeit obligatorisch war. Wenn irgendwie möglich, sollten neue Wohnungen für Geflüchtete im Kontext gebauter Quartiere erfolgen. Dabei geht es nicht um Architektur „für Flüchtlinge" mit Vorfabrikation und Baurechtserleichterungen. Die Lösung dieser spezifischen Wohnungsfrage muss als Teil der sowieso anstehenden Neuausrichtung beim Bau preisgünstiger städtischer Wohnungen bearbeitet werden.

*Hans Stimmanns Aufsatz erschien 2015 in der* Bauwelt *(Nr. 48), Titel: „Lübeck. Standardisierte Unterkünfte".*

## Stadtplanung in Lübeck

# Darf ein Parkhaus sich derart ans Buddenbrook-haus drängen?

Die Stadt Lübeck ist, „einfachheitshalber gesagt, extrem schön. Sie ist nicht lieblich. Sie ist dramatisch. Sie hat etwas Hypothetisches, einen falschen Schein. Sie ist auf unerträgliche Weise vornehm. Sie ist bedroht von einer alles durchdringenden Vulgarität, touristisch und bürgerlich. Kurzum, es ist die Stadt Thomas Manns." So beginnt der Italiener Giorgio Manganelli 1985 seine auch heute noch zutreffende Charakterisierung der Stadt. Kurz vor der Wiedervereinigung wurde die Altstadt – genauer ihre unzerstörten Teile – als erstes deutsches Stadtdenkmal in die Liste des Weltkulturerbes eingetragen. Ausgeklammert blieben dabei die in der Nacht vom 28. zum 29. März 1942 vom Bombardement der Royal Airforce getroffenen Quartiere, darunter auch das Gründungsviertel zwischen St. Marien und dem Holstenhafen der Trave.

Ausgerechnet hier, wo Thomas Mann in seinem Roman den Verfall einer Familie nachgezeichnet hat, setzte sich die Nachkriegsplanung der vierziger und fünfziger Jahre rücksichtslos über die ruinösen historischen Baustrukturen und damit über die besondere Mischung aus unterschiedlich prächtigen Kaufmannshäusern, Speichern und einer Marktallee hinweg. Zwar zählt die Fassade des Buddenbrookhauses wie ein steinerner Buchumschlag heute zu den beliebtesten Fotomotiven der Stadt, doch was sich auf der Rückseite der Kulisse des Bürgertums bis zur Beckergrube an Hässlichkeit ausbreitet, schließt jeden Gedanken an irgendeine Art von Unterschutzstellung aus. Die Situation ist dennoch typisch für die seit der Zerstörung im Jahr 1942 bis heute andauernde Haltung von Politik und Planung, die Transformation der Altstadt in eine City mit der gleichzeitigen Erhaltung des Stadtbildes – insbesondere der siebentürmigen Silhouette und typischen Straßenbildern unter einen Hut zu bekommen.

## Ein vulgäres Gemenge

Der erstmalige Bau eines Parkhauses im Rücken der Buddenbrookhaus-Fassade Mitte der fünfziger Jahre sagt über die in Lübeck bis heute andauernde Haltung im Umgang mit der Geschichte der Stadt genauso viel aus wie der Nachkriegskonsens zur Rekonstruktion der fünf zerstörten Kirchtürme und des Kircheninneren von St Marien, St. Petri und des Doms.

Diese Haltung – vor allem das Bild der Stadt, den Stadtgrundriss und ihre Monumentalbauten zu erhalten, bei gleichzeitiger Modernisierung der zerstörten Quartiere – unterscheidet die Architekturdebatten Lübecks bis heute von denen anderer deutscher Städte. Im Ergebnis reichte es aber beim Haus der Familie Mann nur bis zum Fassadenbild. Hinter den alten und neuen Ziegelfassaden auf Grundstücken ehemaliger Kaufmannshäuser mit ihren Seitenflügeln, Höfen, Gartenhäusern und Speichern breitete sich zwischen

Mengstraße und Beckergrube bis vor zwei Jahren ein vulgäres Gemenge aus Parkhaus, weiteren ebenerdigen Parkplätzen, Anlieferungszonen, Rampen und Zufahrten aus. Diese innerstädtische Stadtlandschaft erzählte bis in die architektonischen Details der abwechselnd trauf- und giebelständigen Wohnungsbauten, aber auch des ziegelverkleideten Parkhauses anschaulich vom Charakter der erstmals 1948 vom damaligen Stadtbaudirektor Münter vorgestellten „Wiederaufbauplanung".

Die Zukunft wurde von den Architekten und den politisch Verantwortlichen auch in Lübeck in der Überwindung der kleinteilig bebauten Altstadt gesehen. Dabei wurden die Zerstörungen als Chance der Modernisierung begriffen, auch das ruinöse Buddenbrookhaus und erst recht seine weniger prominenten Nachbargebäude in der Mengstraße bildeten kein Hindernis. So blieb nur die 1758 gebaute Fassade als Kulisse erhalten, wurde aber Teil eines Großblockes mit Wohn- und Geschäftshäusern und dem erwähnten Parkhaus im Blockinnenbereich, gebaut auf dem Grundstück der 1895 errichteten Markthalle.

1954 wurde das um die rückwärtigen Teile amputierte Grundstück des Buddenbrookhauses kurz vor der Verleihung des Ehrenbürgerrechtes an Thomas Mann an die Volksbank verkauft. Sie durfte hier ohne Bezug zur Geschichte des Hauses und zur Gliederung der historischen Fassade ein viergeschossiges Bürogebäude errichten. Mit der Planung für den Bau des Bankgebäudes anstelle des Stammhauses seiner Familie und eines Parkhauses anstelle der Markthalle wurde Thomas Mann nicht konfrontiert. Schwer vorzustellen, wie er reagiert und was er darüber in seinem Tagebuch festgehalten hätte, wenn er vom Ziel des Lübecker Senats: der „Überwindung der Altstadt", gehört hätte. Geblieben ist ein Foto von Katja und Thomas Mann vom Juni 1953 vor der Ruine des Hauses. Mit diesem Foto und der Fassade vor einem Bankhaus hatte das Stammhaus der Familie Mann endgültig den Status einer Filmkulisse erhalten. Das Haus selbst, das dem Leser vor allem dank der Schilderungen in dem Roman mit all seinen Zimmern, seinen Höfen und rückwärtigen Bauten in jedem Detail präsent ist, existiert nicht mehr.

## Sieg der Knauserigkeit über die Bedeutung der Architektur für die Weltliteratur

Eine erste Änderung im rücksichtslosen Umgang mit dem weltberühmten Lübecker Haus bildete der Rückkauf durch den Lübecker Senat (1993) für die Einrichtung der Ausstellung eines Heinrich- und Thomas-Mann-Zentrums. Allerdings verfehlte jede der hier seitdem gezeigte Ausstellung, eingeengt durch die niedrigen Geschosshöhen und die auf die Bedürfnisse eines Bankbetriebes zugeschnittenen Grundrisse des Hauses, das Ziel, hier etwas von den hohen Ansprüchen des weltläufigen Lübecker Bürgertums im ausgehenden 19. Jahrhundert sichtbar werden zu lassen.

Dieser Sieg der Knauserigkeit über die Bedeutung der Architektur für die Weltliteratur ist nicht dem mangelnden Ehrgeiz der Museumsleitung geschuldet, sondern liegt an dem Verzicht des Lübecker Senats, beim Erwerb des Grundstücks auf eine Rekonstruktion des Kaufmannhauses mit Seitenflügeln, Höfen und Gartenhaus und damit auf eine Neuordnung des gesamten Blocks zu dringen. Was man mit der Übernahme des Bankhauses stattdessen bekam, war der unverstellte Blick auf das Parkhaus, markierte Stellplätze und Abfallbehälter – und jetzt, nach dem Abriss des alten Parkhauses, auf seinen vergrößerter Neubau im Blockinneren.

Konnte man das auf Distanz zum Buddenbrookhaus achtende alte dreigeschossige Parkhaus noch als funktionales Element der biederen drei- bis viergeschossigen Blockrandbebauung der fünfziger Jahre verstehen, wird der nun im Volumen verdoppelte Bau zum dominanten Ereignis hinter einer literarischen Welterbe-Kulisse. Wenn Architektur ein Spiegel derjenigen ist, die sie genehmigen, bauen und mit ihr leben, dann ist das dem Buddenbrookhaus und den benachbarten Gebäuden in der Mengstraße auf Minimalabstand gerückte Parkhaus der definitive Schlusspunkt des von Thomas Mann beklagten Teilabrisses des Rückgebäudes nach dem Verkauf 1891 an den neuen Besitzer Konsul und Großhändler Hermann Hagenström. Was im Roman die architektonische Folge des Niedergangs der Firma Buddenbrook und der Fähigkeit des neuen Besitzers, sein „Eigentum in der ingeniösen Art zu verwerten“ geschildert wird und nur den Beginn späterer Abrisse im Inneren des Blocks für die Markthalle darstellt, hat nun mit dem Parkhausneubau und der Konfrontation mit den fensterlosen Hoffassaden des Literaturhauses einen neuen Tiefpunkt gesellschaftlicher Rücksichtslosigkeit eines privaten Parkhausinvestors und derjenigen, die im Senat die politische Verantwortung für den Umgang mit dem literarischen und architektonischen Welterbe des Buddenbrookhauses tragen, erreicht.

Der jahrelange Entscheidungsprozess bis zum ersten gebauten Ergebnis des Parkhauses böte mit seinen Verflechtungen mit den Akteuren lokaler Politik, der Kaufmannschaft und Verbände genug Stoff für einen Roman über den Verfall der Stadtbaukunst. Ein Kapitel müsste sich mit der Aufgabe des „Einfügens des Parkhauses“ in die nähere Umgebung beschäftigen. Die Aufgabe und Bewertung des „Einfügens“ definiert den gesetzlichen Rahmen des Paragraphen 34 des Bundesbaugesetzes. Dabei darf „das Ortsbild nicht beeinträchtigt werden“.

Doch zählten offensichtlich für den Bausenator und den Bürgermeister weder die berühmte Fassade des Buddenbrookhauses an der Mengstraße 4 noch seine geplante Erweiterung und schon gar nicht die Wohnbebauungen der fünfziger Jahre an der Straße Fünfhausen zur Eigenart der näheren Umgebung. Da mit drei Zufahrten die Erschließung des Parkhauses im Inneren des Blocks gesichert ist, stand nach ihrer Auffassung der positiven Bewertung des Einfügens nichts entgegen. Wenn es nicht die Dreistigkeit des Investors gegeben hätte, entgegen der Baugenehmigung auch noch die Dachfläche des Parkhauses für Stellplätze mit Aussicht auf St. Marien zu nutzen, wären aus Sicht des Senats die Ansprüche des architektonischen wie auch des literarischen Weltkulturerbes erfüllt worden. „Extrem schön", wie Manganelli schrieb, ist das alles nicht. Dramatisch schon.

*Hans Stimmanns Text zu Lübeck war erstmals am 4. Dezember 2018 in der* Frankfurter Allgemeinen Zeitung *zu lesen.*

## Ein Kulturschloss im Herzen der Stadt

# Das alte Zentrum von Königsberg ersteht in Kaliningrad neu

Wer glaubt, der Abriss der Berliner Altstadt und des Hohenzollernschlosses für die autogerechte Neuplanung des monumentalen Staatszentrums der DDR mit dem Marx-Engels-Platz, dem gleichnamigen Forum mit Fernsehturm und der sechsspurigen Grunerstraße wäre nicht zu überbieten, dem sei ein Besuch im russischen Kaliningrad empfohlen.

Hier, in der Stadt Immanuel Kants, wurde nach dem Sieg der sowjetischen Roten Armee, der Vertreibung der deutschen Bevölkerung und der Neuansiedlung sowjetischer Bürger ein weit radikalerer Neuanfang praktiziert. In Königsberg vollzog sich nicht nur ein Austausch seiner Bewohner und verbunden damit auch die

Umbenennung sämtlicher Straßen, Plätze, Parkanlagen, Friedhöfe, Wasserstraßen cetera – die Stadt selbst erhielt 1946 einen neuen Namen: Kaliningrad. Damit teilt sie das Schicksal vieler ehemaliger deutscher Städte als Konsequenz der Neuordnung Europas nach 1945.

Was das seit 1991 russische Kaliningrad aber bis heute kennzeichnet, ist die gespenstische Leere des ehemaligen historischen Stadtzentrums. Nach der Sprengung der Schlossruinen 1968 erinnern in der heutigen Stadtlandschaft aus einer von Wasser umgebenen Parkanlage und sich kreuzenden sechsspurigen Autostraßen nur noch der freigestellte Dom und die abbruchreife Klappbrücke über den Pregelfluss daran, dass sich hier einmal das Herz der Stadt, der Kneiphof, befand.

## Die körperlich spürbare Zentrumslosigkeit überwinden

Das Scheitern des gesellschaftlichen und urbanistischen Experiments wird beim Anblick des zwanzigstöckigen Sowjetpalast-Fragments im brutalistischen Architekturstil der späten Sowjetunion, umgeben von riesigen Parkplätzen, besonders deutlich. Hier, wo bis zum Abbruch das Schloss die Mitte der Stadt markierte, herrscht surreale Ödnis. Dieser Zustand völliger Leere und Erinnerungslosigkeit ist mit dem heutigen Alltag der eine halbe Million Einwohner zählenden Universitätsstadt mit urbanen Straßen, Plätzen, Einkaufszentren schwer in Verbindung zu bringen. Er soll deshalb nach dem Willen der Regierungen, der Region und der Stadt beendet werden. Um die körperlich spürbare Zentrumslosigkeit zu überwinden, haben der Gouverneur der Region und der Bürgermeister der Stadt gemeinsam mit dem Planungsbüro „Heart of the City" schon im Jahr 2014 einen internationalen städtebaulichen Wettbewerb durchgeführt. Das Projekt des Gewinners dieses zweistufigen Verfahrens – das Petersburger Büro

„Studio 44" – wurde von den Auslobern im Herbst 2014 dann öffentlich vorgestellt.
Die Petersburger Architekten schlugen eine Rekonstruktion des Stadtgrundrisses der Altstadt und eine kleinteilige Einzelhausbebauung, vor allem aber den Rückbau der beiden aus der Sowjetzeit stammenden sechsspurigen Autostraßen (Moskovsky- und Leninsky-Prospekt) vor. Die ehemals eng bebaute Kneiphofinsel mit dem Dom sollte dem Willen der Auslober entsprechend bebaut bleiben. Der jetzige, etwas verwilderte Park soll bis zum Jahr 2024 in einen „Philosophischen Park" umgestaltet werden. Es war wohl der Vorschlag des „Studio 44" zum Rückbau der Autostraßen, der dem Entwurf zum Verhängnis wurde – denn die politisch Verantwortlichen in Stadt und Region entschieden, dass die weitere Reurbanisierung auf der Grundlage des zweitplatzierten Entwurfs zu erfolgen hatte. In dem Plan des französisch-russischen Büros Devillers & Associes/Off-the-Grid-Studio bleiben die beiden Autostraßen, wenn auch im Profil leicht verändert, erhalten.

In einer „konsolidierten" Form bildete der Entwurf nun die Grundlage eines im April 2015 ausgelobten internationalen Wettbewerbs für einen Kultur- und Kongresskomplex auf dem Areal des ehemaligen Schlosses, also neben dem Sowjetpalast. Die Aufgabe für die Teilnehmer bestand darin, eine Brücke zu schlagen zwischen den preußischen, sowjetischen und russischen Bauteilen, insbesondere dem Sowjetpalast und den Schlossfundamenten. Zur Logik der Vorgaben gehörte auch die Erhaltung des nie fertiggestellten, aber das Bild des Zentrums unübersehbar dominierenden Sowjetpalastes.

Das Programm für die Neubauten ist komplex und umfasst eine für Konzerte, Kongresse und Theateraufführungen nutzbare Halle für 1.500 Personen, eine Ausstellungshalle für moderne Kunst, eine Bibliothek sowie eine kleine Konzerthalle. Dazu kommen ein Museum für die Bau- und Kulturgeschichte des Schlosses, ein archäologisches Museum sowie der Nachweis von Flächen für ergänzende private Nutzungen. Mit Blick auf die neu zu entwerfenden Höfe und Plätze wurden entsprechend dimensionierte und stadträumlich überzeugende Plätze unter anderem für Open-Air-Veranstaltungen gefordert.

Der intellektuellen Herausforderung dieser Aufgabenstellung haben sich 49 Architekten gestellt. Darunter war leider kein einziges Büro aus Deutschland, also dem Land, dessen historische Spuren es unter anderem in der Form der Schlossfundamente zu verarbeiten gilt. Das seit 1991 nicht mehr sowjetische, sondern russische Kaliningrad, die Stadt, in der nicht nur die Universität Kants Namen trägt, sondern inner- und außerhalb der ehemaligen Stadttore auch viel gut erhaltene deutsche Architektur des 19. und 20. Jahrhunderts zu entdecken ist, ist bei der jungen Generation offensichtlich noch nicht wieder in der kulturellen Topographie Europas angekommen. Für das zwischen Polen, Litauen und Weißrussland gelegene Land mit Kaliningrad als Hauptstadt braucht man nicht nur ein Visum, es bedarf auch der Überwindung kultureller Grenzen und Vorurteile.

## Auf der Suche nach der Zukunft als europäische Metropole

Der Jury unter dem Vorsitz des Niederländers Bart Goldhorn bot sich das gesamte Spektrum heute gängiger Architekturpositionen mit dekonstruktivistischen, organischen, rationalistischen und historisierenden Varianten. Der erste Preis ging fast einstimmig an ein Projekt, dem der geforderte Brückenschlag zwischen den Zeitschichten und der Zukunft des Ortes als neuem Mittelpunkt Kaliningrads nahezu perfekt gelingt. Der Entwurf reagiert auf das Programm nicht – wie etwa in Berlin – mit einem neuen Schloss, sondern mit vier neuen beziehungsweise rekonstruierten Gebäuden. Die rekonstruierten Teile des West- und Ostflügels des Königsberger Schlosses sind architektonisch durch moderne Bauten getrennt. Durch diese Unterscheidung könnte das Gebäudeensemble zum Symbol einer Stadt werden, die sich ohne Ressentiments zu ihrer deutschen und sowjetischen Vergangenheit bekennt und gleichzeitig eine Zukunft als europäische Metropole sucht.

Die herausragende Qualität des Entwurfes liegt aber darin, dass die neuen und die rekonstruierten Gebäude nicht irgendwie als Objekte auf dem Schlossareal abgestellt werden, sondern ganz in der Tradition Schinkels vier neue Plätze unterschiedlicher Dimension bilden – darunter einen Schlossplatz zwischen Sowjetpalast und Konzerthalle, der nach dem venezianischen Vorbild von Markusplatz und Piazzetta mit einem Museumsplatz verbunden ist. Begeistert von der Qualität des Entwurfs wartete die Jury auf die Öffnung der Umschläge. Die Überraschung war groß: Gewonnen hat nicht ein etabliertes erfahrenes Büro, sondern ein junges Team um den 30-jährigen Anton Sagal. Nach der Preisverkündung stellte sich der in Kaliningrad aufgewachsene Sagal als Architekturstudent des renommierten Mailänder Politecnico vor: ein Europäer wie aus dem Bilderbuch. Der Entwurf und der junge Architekt sind ein Zeichen des Aufbruchs, der bei den nächsten Schritten der Realisierung einzelner Bauteile hoffentlich nicht verlorengeht.

*Hans Stimmann veröffentlichte vorstehenden Artikel in der* Frankfurter Allgemeinen Zeitung *am 6. Oktober 2015.*

# Über den Zusammenhang von Hausbau, Ziegelbauweise und Städtebau

Beim Durchdenken des selbstgestellten Themas bin ich als Akteur traditioneller Stadtbaukunst und viel kritisierter Anwalt des „steinernen Berlin“ Partei. Ich will aber dennoch die Erwartungen an die Wiedergeburt räumlicher Stadtbilder mit einer inneren Beziehung vom Stadtgrundriss über die Blockstruktur zum einzelnen Haus auf die heutigen Produktionsbedingungen von Stadt, Architektur, Hausbau und die gesellschaftlichen Erwartungen an Architektur unseres individualisierten Zeitalters der Klimarettung zurückschrauben.

Nicht, dass ich mir als gelernter Maurer so etwas wie eine Renaissance traditioneller städtebaulicher Stadträume mit schönen öffentlichen Bauten, individuellen Häusern mit tragenden oder mindestens sich selbst tragenden Ziegelfassaden nicht wünschte. Aber es geht an den sich widersprechenden Modernitätsvorstellungen der Stadtplaner, Architekten, Bauherren und Energiepolitiker vorbei, zu glauben, so etwas wie eine Renaissance von Stadt- und

Hausbau, und dann noch aus Ziegeln, wäre möglich. Ich will gleichwohl versuchen, nicht nur die Grenzen, sondern auch die Bedingungen für eine Annäherung an ein solches Ziel zu umreißen.

Obwohl ich bei diesem Thema Partei ergreife, schätze ich gleichwohl die konstruktiven Möglichkeiten der Stahlbeton- und Stahlbauweise beim Hausbau, bin aber entsetzt über die aktuellen Wandaufbaulösungen, die häufig nur noch aus angewandten Dämmwertvorschriften der EnEV 2014 bestehen. So entsteht Architektur aus dem Geist der Wärmedämmung und Klimarettung. Aber selbst wenn 1,5 Zentimeter starke aufgeklebte Ziegel als sichtbarer Teil der Fassade nur noch eine sentimentale Erinnerung an solide gemauerte Wände sind, befriedigt das Material Ziegel offensichtlich selbst als Bekleidung bei Mietern und Eigentümern noch Erwartungen, die Sichtbeton, Stahl, Glas, Kunststoff, aber auch vorgehängte Natursteinverkleidung nicht erfüllen. Vorgehängte Ziegelfassaden an einer Betonkonstruktion befriedigen eine diffuse Sehnsucht nach Dauerhaftem, nach Massivem. Es ist aber genau diese „Als-ob-Funktion“ von Ziegel- und Steinverkleidungen, die die Werkstoffe Naturstein und nun auch Ziegel bei den Kritikern so fragwürdig macht.

Bevor ich auf das Verhältnis von Städtebau und Ziegelbauweise eingehe, gestatten Sie mir eine Bemerkung zum Charakter meiner Parteilichkeit. Ich wurde 1941 im damals gar nicht so malerischen Lübeck geboren. Ich stamme also aus einer typisch norddeutschen Backsteingegend. Als kleiner Junge habe ich nach Kriegsende staunend den Wiederaufbau der 1942 durch Bomben zerstörten Türme des Domes, von St. Marien und St. Petri mitten in der typischen Trümmerlandschaft eingestürzter gemauerter Handwerker- und Bürgerhäuser verfolgt. Die Neubebauung der zerstörten Altstadtquartiere mit Zeilenbauten und Schulbauten aus roten Ziegeln und pfannengedeckten Dächern, wie sie in identischer Form zugleich auch in den vorstädtischen Siedlungen für die Ausgebombten und Vertriebenen gebaut wurden, habe ich damals nicht registriert. Mich haben zu der Zeit vielmehr die Stahlbetonkonstruktionen der neuen Schwimmhalle und des Parkhauses unterhalb von St. Petri beeindruckt. Dabei waren doch gerade die innerstädtischen Zeilenbauten der gebaute Beleg dafür, dass auch solide gemauerte Ziegelbauten mit geneigten Dächern, aber ohne Beachtung der für die Altstadt typischen giebelständigen Häuser auf eigener Parzelle, Stadt zerstören. Jedenfalls sind genau diese bis 1942 lebendigen Quartiere wohlhabender Bürger zwischen St. Marien und Hafen bis heute (also über 70 Jahre nach der Zerstörung) genau so tot wie die zeitgleich außerhalb der Altstadt als verputzte Zeilenbauten mit Ziegeldächern errichteten neuen Wohnsiedlungen von Ernst May oder Hans-Bernhard Reichow.

Erstes Zwischenfazit: Die Verwendung von Ziegeln als tragendes Sichtmauerwerk ist allenfalls ein Indiz für vordergründige Gestaltpflege oder die Kontinuität regionaler handwerklicher Fähigkeiten, aber nicht mehr. Man kann auch mit ziegelsichtigen Vollmauerwerksbauten das Thema Stadt gründlich verpassen. Natürlich ist diese Einsicht kein Produkt meiner Lehrzeit als Maurer von 1958 bis 1961, sondern ein Ergebnis späterer Reflexionen. Die Bauten, an denen ich als Lehrling praktisch beteiligt war, hatten übrigens meistens 36,5 cm Außenmauern, bestehend aus 2 DF-Kalksandsteinen und einer halbsteinigen Verblendung, manchmal mit Luftschicht. Die große Masse der Wohnbauten dieser Nachkriegsjahre wurde übrigens verputzt. Richtig bekannt geworden sind die farbigen Putze der von Ernst May für die „Neue Heimat“ entworfenen Siedlung in St. Lorenz, die ihr den Namen Papageiensiedlung eintrug.

Zweites Zwischenfazit: Die Verwendung von Ziegeln oder Kalksandsteinen beim Hausbau muss im Ergebnis nicht zum Sichtmauerwerk führen. Solides Vollmauerwerk kann sich auch hinter einem Außenputz verbergen. Dabei ist die Kunst des Putzens wie die des Fugens eine Voraussetzung für einen bestimmten ästhetischen Auftritt des Hauses. In Italien galten Ziegelfassaden lange

Zeit sogar als Zeichen der Armut. Wer es sich irgendwie leisten konnte, verputzte oder verkleidete sein Haus. Sichtmauerwerk war übrigens auch in Lübeck das Material der Werkstätten, Speicher, Lagerhäuser und Kirchen. In Berlin begann erst mit Karl Friederich Schinkels Kirche auf dem Friedrichswerder (1824/31) eine neue Backsteinperiode besonders neogotischer Kirchen. Es folgte der Bau des Roten Rathauses (1869) und erst in der zweiten Hälfte des 19. Jahrhunderts wurde die Verblendung mit den kostbaren glatten „Maschinen-Ziegeln", jedenfalls in Berlin, zur üblichen Praxis bei kommunalen Bauten. Um zu solchen Einsichten zu kommen, brauchte es bei mir viele Jahre als Architekt und der Lektüre einschlägiger Veröffentlichungen. Sie sind jedenfalls kein Produkt meines Architekturstudiums an der „Staatsbauschule" in der Lübecker Altstadt. Als junger Architekt bin ich 1965 vielmehr ganz bewusst nach Frankfurt gegangen, um dort zuerst in einem Hochhaus am Opernplatz bei einem amerikanischen Ingenieurbüro am Entwurf von Industriebauten zu arbeiten.

Zu meinen Erfahrungen dieser frühen sechziger Jahre gehörten auch Berlin-Besuche. Dort habe ich voller Bewunderung die Wohnbauten der Interbau im Hansaviertel und die „Wohnmaschine" von Le Corbusier bestaunt, um danach die Stalinallee in Ost-Berlin zu begutachten. Das Hansaviertel erschien mir damals mit seinen als aufgelockerte Stadtlandschaft entworfenen Stahlbetonwohnhochhäusern von Alvar Aalto, Jacob Bakema, Egon Eiermann, Walter Gropius, Arne Jacobsen, Oscar Niemeyer, Max Taut, Pierre Vago, etc. nicht nur architektonisch, sondern auch städtebaulich vorbildlich. Eine Ziegelfassade entstand dort, außer an der Akademie der Künste, nur an der rückseitigen Fassade des Wohngebäudes von Eiermann. Die 1964 vorgetragene Kritik von Wolf Jobst Siedler am Abriss des gemauerten und verputzten gründerzeitlichen Hansaviertels unter dem Titel „Die gemordete Stadt" hielt ich damals für ein Plädoyer gegen das, was man unter aufgeklärten Architekten für Fortschritt hielt. Das war auch insoweit plausibel, als die zur gleichen Zeit gebaute Stalinallee nicht nur politisch, sondern auch städtebaulich und architektonisch als rückschrittlich galt. Ein Boulevard für die Arbeiter und dann noch altmodisch gemauert und mit Keramikplatten verkleidet. Bekanntlich war der Streik der Maurer am 16. Juni Anlass für die politischen Demonstrationen am 17. Juni 1953, die später nicht nur zu politischen Reformen, sondern 1954/55 auch zur Ablösung des Personals sowie des Baumaterials Ziegel durch Beton und zum Wechsel des städtebaulichen Musters von der Blockrand- zur Zeilenbebauung führte.

Immerhin war der Bau des ersten Abschnittes der Stalinallee in der Zeit nach dem 3. Februar 1952 das letzte Beispiel dafür, wie man traditionelle städtebauliche Formen, den Hausmaßstab sprengende Großbauten, großstädtisches Wohnen, Ladennutzung im EG und Mauerwerksbau in eine inhaltliche Beziehung setzen kann. Um Geld und Zeit zu sparen, wurde damals versucht, den Mauerwerksbau mit bis zu 50 Zentimeter dicken Außenwänden nach sowjetischem Vorbild zu rationalisieren. Dazu gehörten die arbeitsteilige Verlegetechnik in Dreiergruppen, aber auch die Verwendung von Mörtelpumpen, vorgefertigten Stürzen oder Deckenelementen.

Nach der berühmten Rede von Nikita Chruschtschow vom 7. Dezember 1954 über „industrielle Methoden, Bauqualität und Reduktion der Kosten für die Konstruktion" folgte im gesamten Sowjetblock der Abschied vom Mauerwerksbau. Dazu wurde die Bautechnologie radikal industrialisiert und der Städtebau auf Zeilenbauten umgestellt. Damit hatte man mit dem ideologischen Gegner in der BRD gleichgezogen: Ziegelbauweise war out, Blockrandbebauung galt als überholt, Straßen dienten der Erschließung und dem Verkehr, nicht aber der Kommunikation, dem Einkaufen und dem Flanieren. Es begannen in Ost und West die berüchtigten sechziger Jahre mit Flächenabrissen und gebauten technokratischen Utopien der Großsiedlungen, realisiert aus Betonfertigteilen, um so sämtliche bis dahin übliche Konventionen – architektonisch, städtebaulich – zu überwinden. Ich verweise in diesem Zusammenhang auf die folgenreiche Lehre von Oswald Mathias Ungers an der TU-Berlin mit der Idee der „Stadt in der Stadt". Eine kritische Bilanz dieser Jahre war bekanntlich auch Gegenstand der Architekturbiennale 2014 in Venedig mit kritischen Beiträgen zum Thema industrieller Vorfertigung aus Frankreich und Chile. „Germania" hat sich bekanntlich am Kanzler-Bungalow von Sepp Ruf abgearbeitet.

Das erwähnte „Stadterneuerung" genannte Abrissprogramm richtete sich natürlich nicht gegen das Material Ziegel, sondern unter anderem gegen die Typologie der um einen Hof gebauten privaten Wohnhäusern mit eingelagerten Gewerbebauten. Der Abriss ließ, wie schon nach dem Bombenkrieg, plötzlich wieder die riesenhaften gemauerten Brandwände sichtbar werden. Fensterlos, unverputzt, monochrom, manchmal mit Einsprengseln, wurden sie mit ihrer ruhigen Schönheit zum zweiten Mal zum faszinierenden Gegenstand für Maler und Fotografen. Für wenige Jahre erzählten diese wuchtigen Brandmauern etwas von der Wirkung des Kahlschlags, wodurch auf Zeit plötzlich das sonst unter den verputzten Straßenfassaden verborgene Baumaterial Ziegel des steinernen Berlin sichtbar wurde.

Mich haben allerdings 1970 weder die Brandwände und noch weniger Oswald Mathias Ungers ortlose Vorstellungen von Megastrukturen nach Berlin gezogen. Ich wollte an der TU Stadtplanung studieren. Dabei spielte der Städtebau keine Rolle und schon gar nicht der Ziegel als Baumaterial. Uns ging es darum, als Planer gesellschaftliche Probleme der Stadt zu lösen.

Mein Weg zurück zum Städtebau, zur Architektur und indirekt auch zum Material Ziegel begann dann 1977/78 mit der Gründung der IBA, die unter dem Motto „Innenstadt als Wohnort" den Abriss der gründerzeitlichen Ziegelbauten stoppte und sie stattdessen unter der Leitung von Hardt-Waltherr Hämer sanierte. Parallel dazu wurde in der Neubauabteilung eine Renaissance des vormodernen Stadtgrundrisses unter dem Leitbild „Kritische Rekonstruktion" propagiert. Gebaut wurde unter der Leitung von Josef Paul Kleihues nun wieder entlang der Straßenfluchten aus dem 18. und 19. Jahrhundert. Gebaut wurden allerdings keine privaten Mietshäuser, sondern öffentlich geförderte Wohnbauten städtischer Wohnungsbaugesellschaften. Das Resultat waren Siedlungsbauten in Stadtstrukturen, deren Material die vom Dortmunder TU-Professor Kleihues gewünschte Ziegelverblendung an den Straßenfassaden der in Stahlbetonbauweise erstellten Wohnbauten war.

Bei der Neubau-IBA verband sich so zum ersten Mal wieder der traditionelle Städtebau mit den ziegelverkleideten Wohnbauten moderner Mischkonstruktionen. Das Thema der ziegelverkleideten zweischaligen Fassade der Wohngebäude entsprach, wie gesagt, nicht etwa dem Wunsch der Bauherren, sondern war Teil eines stadtbaukünstlerischen und ästhetischen Programms von Kleihues, der dies über die massive öffentliche Förderung in Form von Zuschüssen (Aufwendungsdarlehen) und zinsgünstiger Darlehen durchsetzen konnte (8,00 DM Mietermiete – 33,65 DM Kostenmiete). Die ästhetisch begründeten Ziegelfassaden an den öffentlichen Räumen waren also Teil einer Subventionskultur für den sozialen Wohnungsbau städtischer Wohnungsbaugesellschaften.

Die IBA-Wohnbauten prominenter Architekten wie Botta, Grassi, Gregotti, Kollhoff, Rossi und Ungers sind so ein Dokument der Transformation des Ziegels von einem tragenden Wandbaustein zum sichtbaren Material für die Fassadenverkleidung. Andere Architekten haben sich dieser Vorgabe verweigert: Peter Eisenman, Rem Koolhaas und Zaha Hadid realisierten ihre Projekte als Putzbauten.

Soviel zur Geschichte des Zusammenhangs von Städtebau, Hausbau und den Werkstoffen Ziegel und Beton. Ein Weg zurück zum Ziegel als tragendem Wandbaumaterial ist schwer vorstellbar. Vielmehr stellt sich uns heute die Hauptaufgabe, den Ziegel als sich selbst tragendes Verblendmauerwerk oder Wandbekleidung handwerklich und architektonisch so einzusetzen, dass weder der

Eindruck einer Ziegeltapete noch der einer Mauerwerkskonstruktion entsteht.

Kann man bei einer massiven Mauerwerkswand mit einer Verblendung an der Art des Verbandes und des Materials noch ablesen, dass es sich um den besonders behandelten Teil einer Mauerwerkskonstruktion handelt, muss man bei einer Ziegelverblendung eines anderen Stoffes, zum Beispiel eines Wärmedammverbundsystems, genauer hinsehen. Gerade bei einer solchen Konstruktion gibt es wie bei jeder vorgestellten oder vorgehängten Fassade Qualitätsunterschiede bei der Materialstärke, beim verwendeten Material, beim handwerklichen Detail, beim Umgang mit Ziegeln als Ornament. All das kann man bei den IBA-Wohnbauten der achtziger Jahre ablesen. Wenn von heute aus auf die IBA geblickt wird, bleibt als typische Leistung aber nicht die Verwendung von Ziegeln als Fassadenverkleidung in Erinnerung, sondern die Renaissance des traditionellen Städtebaues, die Wiederverwendung verlorengegangener Haustypologien und das breite Spektrum architektonischer Positionen bei immer gleichem Programm geförderter Wohnbauten. Die Vielfalt der Architektur täuscht also etwas vor, was weder in den Besitzverhältnissen noch in der Ökonomie der Wohnungsbaufinanzierung wurzelt. Sie ist ästhetisches Programm.

Was zur Überwindung des Bauens in Kategorien des „Siedlungsbaues im Stadtkleid“ (Felix Zwoch) nämlich fehlte, war der einzelne private Bauherr, der dazu beiträgt, das Gesicht der Stadt nicht als ästhetische Vorstellung einer Wohnungsbaugesellschaft oder Bauausstellung GmbH, sondern mit seinem individuellen Beitrag zu beeinflussen. Dieser Prozess begann in Berlin erst nach dem Fall der Mauer, zunächst allerdings nicht etwa mit Bauherren privater Wohnhäuser auf eigenem Grundstück, sondern mit einer gesellschaftspolitischen Grundsatzdebatte über die Zukunft der Stadt, bei der dann das Schimpfwort von der „steinernen Stadt“ ebenso wie die Besinnung Berlins auf seine Tradition als europäische Stadt eine zentrale Rolle spielte.

Zu Beginn der Debatte über das „neue Berlin" ging es also nicht um Materialien, sondern um Städtebau. In der hitzigen Auseinandersetzung Anfang der neunziger Jahre bildeten sich im Zusammenhang mit dem Wettbewerb für den Potsdamer Platz schnell zwei Lager heraus: die Anhänger der Wiederaufnahme der Europäischen Stadt mit kontrollierter Gebäudehöhe und straßen- bzw. platzraumbildenden Bauten und die Anhänger der offenen Stadtlandschaft mit solitären Objekten. Dabei spielte das Fassadenmaterial keine Rolle. Gestritten wurde stattdessen vor allem über das Thema der Parzelle und ihre Größe und damit um die Größe der Häuser. Diese politische Debatte über die „Bodenfrage" endete mit einer Niederlage für die Verfechter der parzellierten Stadt. Es siegte die hoch konzentrierte Immobilienwirtschaft mit ihren maßlosen Wünschen nach Größe, mindestens eines Blockes. Meine Antwort darauf war die künstliche Parzellierung der im 17. Jahrhundert angelegten Blöcke der Friedrichstadt. Erst in diesem Zusammenhang stellte sich den Architekten und Bauherren die Frage, mit welchem Material – Glas, Stein oder Metall – die Straßenfassade verkleidet werden sollte.

Anders als der Eindruck, den die nun einsetzende hitzige Debatte über diese Materialfrage der Fassade vermittelte, gab es im Nachwende-Berlin – mit der Ausnahme des Pariser Platzes – keine Materialvorschriften, sondern Empfehlungen, die mit Hinweisen auf die Qualitäten der natursteinverkleideten Fassaden der kriegszerstörten und später abgerissenen Büro- und Geschäftshäuser von Peter Behrens, Alfred Messel, Hans Poelzig, Max Taut oder Franz Schwechten verbunden wurden. Solchen Hinweisen lag die Überzeugung zugrunde, dass es auch so etwas wie eine städtische Materialität moderner Geschäftshausarchitektur gibt. Architektur hat nach meiner Auffassung nicht die Aufgabe, technologische Trends der Kommunikation, der Klimatisierung oder der Materialaufhängung abzubilden. Die bis heute andauernde Auseinandersetzung über die Auswahl des Fassadenmaterials hat ihre Ursache auch darin, dass es sich immer nur um Fassaden zur Straßen- bzw. Platzseite, also um die eine für die Öffentlichkeit sichtbare Schauseite handelt. Es ging eben nicht um die allseitig sichtbaren Ansichten einer freistehenden Großform oder eines Hochhauses, bei denen man die Tragkonstruktion hinter einer vorgehängten „curtainwall" verstecken konnte. Bei Gebäuden mit nur einer Straßenfassade wird die vorgehängte Fassadenverkleidung aber zum Hauptmerkmal für die Architektur und damit entscheidend für die Stadt. Ausschließlich aus gläsernen, sich gegenseitig spiegelnden oder die konstruktiven Elemente bzw. haustechnischen Ausstattungen demonstrativ zeigenden Hightech-Gebäuden kann keine Stadt im traditionellen Verständnis entstehen. Zur europäischen Stadt gehören nicht nur eine Vielfalt von Häusern an lesbaren Stadträumen, sondern auch Fassaden mit Fenstern, betonten Eingängen, Sockelzonen und Dachabschlüssen. Fassaden also, die den Übergangsbereich zwischen Haus und Stadt, zwischen privat und öffentlich markieren. Dabei geht es auch um das Material, mit dem solche Ziele erreichbar sind. Allerdings geht es nur in Ausnahmefällen um ein Zurück zu Wänden aus gemauerten Ziegeln, sondern meist um den schwierigen Weg, mit heutigen Anforderungen und Mitteln Fassaden zu entwerfen, die etwas erzählen von der Idee der Schönheit unserer Zeit, die aber auch Zeit aushalten können und damit auf ganz altmodische Art und Weise nachhaltig sind.

Wohl wissend, dass es sich bei allen Bauten unserer Tage um einen geschichteten Wandaufbau handelt, und im Bewusstsein, dass man auch mit Steinverkleidungen mindere Qualität produzieren kann, habe ich als Berliner Senatsbaudirektor für Bekleidungen (Semper) der Stahlbetonkonstruktionen mit Stein geworben. Dies verband sich, zugegeben, mit der vagen Hoffnung, so zu einer Art „urbaner Permanenz" (A. Rossi) als einer Bedingung von Stadt beizutragen. Über dieses Zusammentreffen von vorgegebener Straßenrandbebauung und dem Wunsch nach urbaner Permanenz und regionaler Materialität hat sich, wie erinnerlich, Anfang der neunziger Jahre das deutsche Feuilleton bis zum Faschismusvorwurf hineingesteigert. Wurde das Baumaterial Beton in den sechziger und siebziger Jahren zum Synonym einer verfehlten Städtebau- und Architekturpolitik mit den berüchtigten Großsiedlungen, Gesamtschulen oder Krankenhäusern, wurde das Material Stein als Verkleidung in den frühen neunziger Jahren zum Träger konservativer politischer und ästhetischer Auffassungen. Material wurde so zum Synonym für Politik.

Bezogen auf das Thema Materialpolitik kann man von heute aus gesehen die Bauten am Potsdamer Platz von Helmut Jahn (Glas) und Hans Kollhoff sowie Giorgio Grassi, Renzo Piano und das Haus von Richard Rogers (Ziegel) als eine exemplarische Bebilderung der Debatte über eine unserer Zeit angemessene Fassadenbekleidung städtischer Büro- und Hotelbauten betrachten.

Völlig außerhalb jeder Kritik blieb bezeichnenderweise der programmatische städtebauliche und architektonische Wechsel beim öffentlich geförderten Wohnungsbau in neuen Vorstädten und beim Schulbau im Rahmen eines milliardenschweren Sonderprogramms in den Ost-Bezirken.

Die Besonderheit dieser Aufgabe bestand darin, auch architektonisch eine Antwort auf die technologiebetonte Schulbauarchitektur der sechziger und siebziger Jahre in Ost und West zu finden. In diesen Jahren wurde die Architektur bekanntlich in beiden Teilen Berlins zum Träger der damaligen Ideale der Schulpolitik. Dazu gehörte die Klimatisierung der Gebäude, die Standardisierung der Konstruktion und Verweigerung jeglicher Erinnerung an traditionelle preußische gemauerte Schulbauten. Die dominanten Materialien waren nun Beton, Asbest, Aluminium und Kunststoff. Gegen diese Haltung wurde nach der Wende ausdrücklich die Ablesbarkeit als öffentliches Schulgebäude und eine Ziegelfassade mit sorgfältigen Details gefordert, um so die scheinbaren Gegensätze von Energieverbrauch, Dauerhaftigkeit und Schönheit aufzulösen. Entstanden sind so überwiegend ziegelverkleidete Schulen und

Kindergärten etwa von Max Dudler, Walter A. Noebel, Christoph Mäckler, ENS, Höhne + Rapp.

Dieses Nachwende-Bauprogramm öffentlicher Hochbauten beschreibt die besondere städtebauliche und architektonische Rolle, die ziegelverkleideten öffentlichen Gebäuden zukommt. Die erwiesene Brauchbarkeit der Schulen aus dem 18., 19. und frühen 20. Jahrhundert auch für heutige Formen der Erziehung lehrt uns,

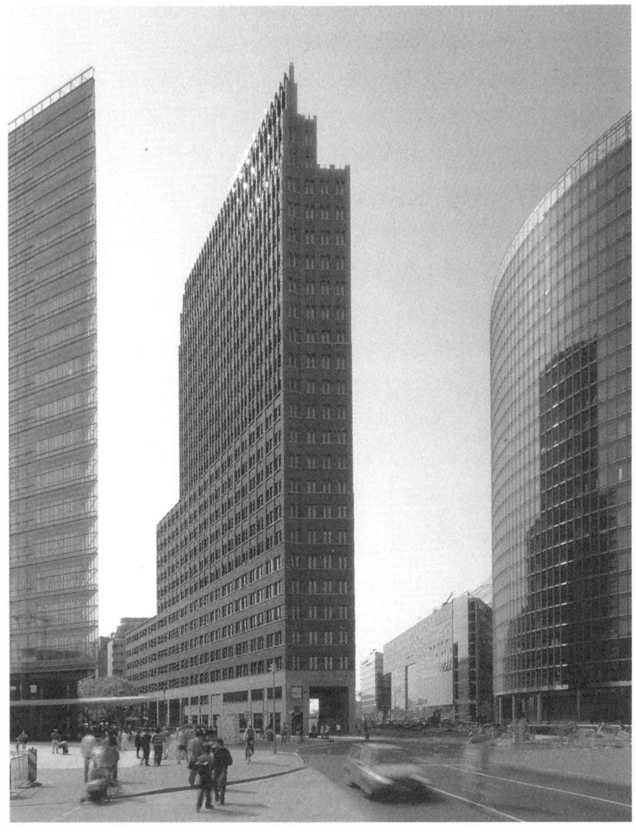

Zwischen Bahn-Tower und Piano-Tower: Bürohochhaus von Hans Kollhoff am Pariser Platz 1. Als Fassadenmaterial wurde ein blaubunter, bis an die Sintergrenze gebrannter Wittmunder Klinker verwendet.

dass sich die Gesellschaft beim Schulbau vielleicht sogar den Luxus von Vollmauerwerksbauten leisten sollte.

Ob im Wohnungsbau die Ziegelbauweise als sich selbst tragendes Verblendmauerwerk oder gar als Vollmauerwerk zur Anwendung kommt, sollte dagegen der Entscheidung der jeweiligen Bauherren überlassen werden. Die Klimamembrane kennt keine Baustoffpräferenz. Sie kommt mit Naturstein, Ziegel, Beton, Terrakotta, Glas und Aluminium gleichermaßen gut zurecht. Und wenn es gelingt, das städtische Bauen wieder auf das einzelne Haus zu konzentrieren, ohne aus der jeweiligen Materialpräferenz eine politische Weltanschauung zu machen, dann verträgt die Stadt eine Vielfalt der Architektur, ihrer Fassadenmaterialien und ihrer Verarbeitungsform.

Damit eine solche Pluralität der Materialauswahl beim Hausbau aber nicht in der Beliebigkeit und Zusammenhangslosigkeit peripherer Stadtlandschaften endet, brauchen individuelle Bauherren und ihre Architekten einen strengen städtebaulichen Rahmen, der dazu anregt, aus Individuen Stadtbürger/Nachbarn werden zu lassen. Ein solcher Rahmen braucht nur wenige Regeln. Dazu gehören das Bauen entlang der Straße, das Vorhandensein eines Eingangs zur Straße und die Begrenzung auf eine maximale Anzahl der Geschosse. Das schwierigste Problem bildet die Gestaltung der Übergangszone zwischen Fassade und Bürgersteig, die heute oft zum Autoabstellplatz degeneriert.

Wie so etwas, mit wenigen Regeln Gebautes aussieht, zeigt sich an der Wiederbebauung des im 17. Jahrhundert angelegten Friedrichswerder. Das Stadthaus – modisch *townhouse* – als Grundeinheit eines vorgegebenen städtebaulichen und typologischen Zusammenhanges bot den individuellen Bauherren die Chance für eine persönlich begründete Wahl der Fassadenmaterialien. Bei solchen typologischen Vorgaben stehen die Chancen für eine Verblendung oder Verkleidung aus Ziegeln nicht schlecht. Die Individualisierung der heutigen Bauherrenschaft lässt allerdings wenig

Hoffnung für eine architektonische Renaissance, bei der das einzelne Haus vorwiegend als Teil einer homogenen Platzwand gesehen wird. Dichter dran sind wir beim Verhältnis von Einzelhaus und Städtebau im Mittelalter. Auch zu dieser Zeit standen Häuser in städtebaulichen Zusammenhängen. Sie waren – wie Fritz Schumacher es ausdrückte – aber trotzdem „Einzelwesen, Gebilde, die ihre Wirkung in sich haben und die das auch deutlich ausdrücken". Mag sein, dass uns Stadtbilder dieser Zeit heute mehr zu sagen haben als die der Renaissance. Und wenn das so ist, sollte diese Einsicht auch bei den heutigen Neubauten die Grundlage für politische und architektonische Materialentscheidungen bilden.

*Hans Stimmann: Über den Zusammenhang von Hausbau, Ziegelbauweise und Städtebau. In:* Dortmunder Architekturheft *No. 27/2015. (Hrsg. Christoph Mäckler). Seite 66–81.*

# Impressum

Wasmuth & Zohlen Verlag
Quedlinburger Straße 11
10589 Berlin
www.wasmuth-verlag.de



Gestaltung und Satz: Vladimir Llovet Casademont
Bildredaktion: Andreas Rost, Erik-Jan Ouwerkerk
Redaktion: Rudolf Spindler

Textnachweise: Die Texte aus der *F.A.Z.* wurden zur Verfügung gestellt vom Frankfurter Allgemeine Archiv; die Texte aus *Die Welt* mit freundlicher Genehmigung der Axel Springer SE. Die Beiträge aus der *Berliner Morgenpost* und der *Bauwelt* wurden dem Verlag von den Rechteinhabern freundlicherweise ebenso zur Verfügung gestellt.

Bildnachweise: Schwarzpläne im Innenteil © Senatsverwaltung für Stadtentwicklung, Bauen und Wohnen in Zusammenarbeit mit Tobias Nöfer.
Fotos: Friedrichswerdersche Kirche © Katya Kardashina; Philharmonie © A.Savin, WikiCommons; Nissenhütten aus *Neue Bauwelt* 25/1946 und Fotoarchiv Hansestadt Lübeck; Heizkraftwerk/Portrait Stimmann © Erik-Jan Ouwerkerk; „Schlange" © Andreas Rost; Kollhoff-Tower am Pariser Platz © Hans Kollhoff

Druck und Bindung: H. Heenemann, Berlin
Papier: Smooth White 1,2 faches Volumen



Die Deutsche Nationalbibliothek verzeichnet diese Publikation in der Deutschen Nationalbibliographie; detaillierte bibliographische Daten sind im Internet über http://dnb.ddb.de abrufbar.

Printet in Germany

ISBN 978 3 8030 2375 9

# Danksagung

Wir als Herausgeber bedanken uns herzlich bei folgenden Personen, ohne die das vorliegende Buch mit der Sammlung von Texten von Hans Stimmann nicht hätte erscheinen können:

E. V. Conradi
Max Dudler
Klaus Groth
Thomas Groth
Jürgen Leibfried
Gernot Moegelin
Christoph Sattler
Michael Staudinger

Für die Mitarbeit und Mithilfe an „Stimmanns Stadtlektüren" bedanken wir uns bei Werner Arndt, Reinhard Bünger, Vladimir Llovet Casademont, Gina von den Driesch, Kaye Geipel, Rainer Haubrich, Isabell Jürgens, Petra Kahlfeldt, Erik-Jan Ouwerkerk, Peter Jürgens, Michael Mönninger, Andreas Rost und Wolfgang Sonne.

Thomas Albrecht, Tobias Nöfer, Rudolf Spindler